ERZÄHLUNGEN AUS AFRIKA

Ich verstehe die Trommel nicht mehr

VERLAG JUNGBRUNNEN

HERAUSGEGEBEN VON RENATE WELSH

CIP-Kurztitelaufnahme der Deutschen Bibliothek
Ich verstehe die Trommel nicht mehr. Erzählungen
aus Afrika / hrsg. von Renate Welsh. (Mitarb.:
Kemde Abdoul . . .). – Wien, München: Verlag Jungbrunnen, 1979.
ISBN 3-7026-5505-0
NE: Welsh, Renate (Hrsg.)

Herausgegeben mit Unterstützung von
Terre des Hommes Österreich

Illustrationen: Edmund Tonnie Ssemalulu Sseruwagi.
Umschlagentwurf: Franz Fasching, unter Verwendung von
Fotos von Alfred Jungraithmayr und Brigitte Neumann.

 Gesamtherstellung: Salzer-Ueberreuter, Wien.
Printed in Austria.

Dieses Buch ist der Versuch eines Versuchs; Steinchen, die wir zusammengetragen haben, die wir dem Leser anbieten: Mach was daraus. Mach dir ein Bild von Afrika.

Was wissen wir Europäer denn überhaupt von Afrika?

Dritte Welt. Neger. Entwicklungshilfe. Menschenfresser. Befreiungsbewegungen. Hitze und Dürre. Safari. Apartheid. Löwen und Zebras. Elfenbeinschmuggler. Sklaverei. Revolutionsregierungen. „Die schlagen einander ja nur die Schädel ein!“ Negermusik. „Die können ja nicht einmal lesen und schreiben!“ Zauberreligionen. Lendenschurz. Kontinent im Aufbruch.

Wenn wir nacherzählen, was man uns gesagt hat, was wir gesehen oder gelesen haben: dann sagen wir doch nur, wie sich ein Europäer Afrika vorstellt.

Wenn wir Afrikaner berichten lassen: Wer wählt sie aus? Ist das, was ein Afrikaner selbst schreibt, schon deshalb, *weil* er schreibt (schreiben kann), noch „typisch“ für Afrika?

Wer oder was ist überhaupt „typisch“ für Afrika?

Dieses Buch ist trotzdem fertig geworden. Aber es ist kein fertiges Buch geworden. Vielleicht liegt gerade darin seine Rechtfertigung – denn ein „fertiges“ Buch über Afrika kann gar nicht anders als verlogen sein.

Was wir hier erzählen, ist wahr, aber sehr vieles, das wir nicht erzählen, ist ebenfalls wahr. Um zu den Steinchen zurückzukommen: Es sind eben *die* Steinchen, die wir gefunden haben.

Wir danken allen, die zum Entstehen dieses Buches beigetragen haben – vor allem aber unseren Lesern, die hoffentlich einen Schritt weitergehen werden, als wir es konnten.

Renate Welsh

Wien, 1979
im Internationalen Jahr des Kindes

AFRIKA

Madeira
Kan. Inseln
Marokko
Tunes.
Algerien
Libyen
Ägypten
Kapverd. Inseln
Mauretan.
Mali
Niger
Tschad
Sudan
Senegal
Ober-volta
Djbouti
Rep. Guinea
Elfen-bein-küste
Ghana
Togo
Benin
Nigeria
Äthiopien
Liberia
Kamerun
Zentr. Afr. Kaiserreich (Ubangi-Shari)
Sierra Leone
Guinea-Bissau
Gambia
Gabun
Kongo
Zaire
Uganda
Kenia
Somalia
Rwanda
Burundi
Aquatorial-Guinea
Tansania
Seschellen
Gabinda
Komoren
São Tome u. Principe
Angola
Mayotte
Ascension
Malawi
Zambia
Mozambique
Madagaskar
Namibia (SW-Afrika)
Zimbabwe Rhodesien
Botswana
Swazi-land
Mauritius
Rep. Süd-afrika
Lesotho
Reunion
Österreich
1000 km

NIGERIEN

Wenn der Regen kommt

Der Wind heult, die Bäume biegen sich,
auf den Dächern der Häuser
klappern die losen Wellblechstücke.
Der Himmel ist dunkel, als wäre schon Abend.
Ein offener Fensterflügel knallt gegen die Hauswand.
Zwei Arme strecken sich aus der Fensteröffnung:
Das Fenster wird zugemacht.
Aus den Häusern tönt Lärm:
„He, du da, hilf mit! Pack doch an!"
Wäschestücke werden von der Leine gerissen.
Die Erwachsenen haben es eilig.
Wer im Freien ist, läuft heim.
Nur die Kinder bleiben draußen.
Sie wollen nicht nach Hause gehen.
Jetzt noch nicht!

Zusammen mit den anderen Kindern
hockt Minji am Rande des Seitenweges,
am Ende des Spielplatzes.
Rund um ihn wirbelt der Staub;
in Kreisen und schwungvollen Kurven
wehen die Staubfahnen über den Boden.
Minji sitzt auf der Erde,
von Staubwolken umblasen,
vom Wind umbraust.
Er blinzelt durch fast geschlossene Lider.
Seine Augen brennen, seine Haut prickelt;
der Staub sticht und kitzelt wie feine Nadeln.
„Gleich wird der Regen kommen", denkt Minji.

Plötzlich hört er: „Minji! – Minji! –
Was machst du hier draußen! Warum kommst du nicht nach Hause?"

Es ist Minjis Schwester.
Gegen den Sturm gebeugt läuft sie die Straße herauf
und den schmalen Seitenweg entlang
zu Minji.
Minji steht auf und geht der Schwester entgegen.
Es ist wie ein Zeichen für die anderen Kinder.
Nun wollen sie auch nicht mehr bleiben.
Sie springen auf die Beine und laufen davon,
verschwinden in alle Richtungen.

Der Wind heult, die Bäume biegen sich,
auf den Dächern der Häuser
klappern die losen Wellblechstücke.
Der Himmel ist dunkel, als wäre Nacht.
Die Straßen liegen verlassen,
die Häuser sind voll Menschen.
Die Häuser sind voll Kinder, voll Lärm.
Und die Stimmen der Kinder übertönen alles –
sogar das Brausen des Windes.
„Bleibt sitzen! – Seid still! – Könnt ihr nicht still sein?“
Nein. Die Kinder können nicht still sein.
Sie können nicht still sitzen; sie können nicht schweigen.
Gleich! – Gleich wird der Regen kommen!

Da: ein Blitzstrahl! Zuckendes Licht.
Drinnen und draußen flammt es hell,
als wäre eine Sonne zersprungen.
Ein Augenblick nur. Dann wieder Dunkelheit
und das Dröhnen des Donners.
Die Kinder lachen. Sie halten sich die Ohren zu.
Nicht einmal die Kleinsten schauen ängstlich.
Nur das Baby klettert auf den Schoß der Mutter.
Der nächste Blitz! – Donner!
Blitz. – Donner! – Und Pause; kurze Stille.
Dann fällt der Regen – stark und stetig –
mit gleichmäßigem Rauschen.

Der Regen donnert auf das Blechdach.
Minji liegt auf seiner Schlafmatte.
Im Haus ist es düster.
Nur über Minjis Kopf schimmert ein heller Streifen.
Dort, wo die Blechbahnen sich im Wind verschoben haben,
sieht er den Himmel.
An den Rändern der Öffnung zerplatzen die großen Tropfen.

Manche fallen genau durch den Spalt.
Sie fallen Minji auf die Brust,
sie fallen in sein Gesicht.
Minji blinzelt in die Höhe.
„Regentropfen sehen aus wie Perlen", denkt Minji.
Schade, daß es nicht wirkliche Perlen sind.
Dann könnte er sie einfangen,
dann könnte er sie festhalten.
Er könnte sie sammeln und auf eine Schnur fädeln.
Er könnte eine Kette daraus knüpfen.
Eine Kette aus Regentropfenperlen für die Schwester.

Minjis Schwester liegt ein Stück weiter drüben auf ihrer Matte.
Plötzlich stützt sie sich auf ihren Ellenbogen
und schaut herüber.
„Du liegst im Regen, Minji", sagt sie.
„Komm doch herüber! Komm näher zu mir!"
Im Nebenraum hört Minji die Mutter jammern:
„Oh weh, unsere Hirse! – Oh weh, meine gute Hirse!"
Sie schiebt etwas über den Boden,
rückt Dinge hin und her,
rückt sie ins Trockne,
gibt ihnen einen neuen Platz.
Minji rutscht mit seiner Matte zur Seite.
Die Schwester greift nach ihm.
„Du bist naß geworden", sagt sie.
„Ja", sagt Minji und bleibt liegen – naß wie er ist.
Minji liebt den Regen.

Im Jahre 1526 schrieb Nzinga Mbemba, König von Kongo, an Johann III., König von Portugal:

Erhabener und höchst mächtiger Fürst, mein königlicher Bruder . . . Eure Agenten und Beamten haben den Händlern und Kaufleuten, die in unser Land kommen durften, übertriebene Freiheiten eingeräumt . . . Täglich rauben diese Leute unsere Untertanen, die Söhne der Landbevölkerung ebenso wie die Söhne unserer Edelleute, Vasallen und Verwandten . . . und lassen sie verkaufen. Und sie sind so korrupt und zügellos, Majestät, daß unser Land bereits im äußersten Maße entvölkert ist . . .

KENYA

Nairobi

Enkarbobo

Schwarzer Asphaltboden, graugrün getünchte Wände, ein Schreibtisch, eine Holzbank entlang der Wand: das Polizeirevier auf dem Uhuru-Highway in Nairobi. Hinter dem Schreibtisch sitzt ein Polizist, der eine Liste zeichnet. Langsam zieht er Strich um Strich. Es sieht aus, als würde er zwischen den einzelnen Strichen immer wieder einschlafen.

Auf der Bank sitzt ein Bub. Er ist barfuß, seine Zehen bewegen sich pausenlos. Hinauf, hinunter, hinauf, hinunter, einmal rechts, einmal links. Er trägt ein weißgrauschwarzes T-Shirt. Das T-Shirt hat nur einen Ärmel und unterhalb der Brust ein großes Loch. Da hinein hat der Bub beide Daumen gesteckt. Die Daumen machen das Loch noch größer.

Enkarbobo weiß nicht, was seine Zehen und was seine Hände tun. Er hat den Kopf zurückgelegt und sieht einer Fliege zu, die über die Wand läuft. Er sitzt schon seit einer halben Stunde hier, und wenn es auf ihn ankommt, wird er noch lange hier sitzen, ohne ein Wort zu sagen. Er haßt diesen Polizisten hinter dem Schreibtisch, obwohl er ihn noch nie gesehen hat. Er haßt alle Polizisten.

Nun läuft die Fliege über den schmutzigen Boden. Ist es immer noch dieselbe, oder ist es eine andere Fliege? Auf dem Boden liegen Zigarettenstummel. Sie sind alle ganz kurz, nur einer in Enkarbobos Nähe ist so lang, daß es sich lohnen würde, ihn zu Ende zu rauchen. Wie eine Raupe beginnt Enkarbobos rechter Fuß sich nach vorne zu schieben, aber der Stummel liegt zu weit weg. Enkarbobo beugt sich vor, hebt sich etwas von der Bank ab, erwischt den Stummel mit den Fingerspitzen und steckt ihn in die Hosentasche.

Diese Bewegung schreckt den Polizisten aus seinem Dösen auf. Er wirft einen Blick auf Enkarbobo und zeigt dann auf den Sessel neben sich. Enkarbobo steht auf. Der Polizist schiebt den Sessel ein Stück weiter von sich weg, bevor Enkarbobo sich darauf setzt.

„Wie heißt du?"

„Richard!"

„Wie noch?"

„Enkarbobo."

„Wie, Enkarbobo? – Erdhörnchen? Du kannst doch nicht Erdhörnchen heißen!"

„Doch!“ sagt der Bub. „Alle nennen mich so.“

„Enkarbobo, gut, das ist dein Spitzname. Dünn genug bist du ja dafür. Aber wie ist dein Familienname?“

Keine Antwort.

„Wie heißt dein Vater?“

„Ich habe keinen.“

„So“, sagt der Polizist, „keinen Vater. Dann bist du wohl in Mathare-Valley geboren?“

„Ja.“

„Immer dasselbe mit euch Slumkindern!“ sagt der Polizist.

Enkarbobo merkt, daß der Polizist nicht mit ihm redet, sondern eher mit sich selbst. „Die Männer machen sich aus dem Staub, wissen vielleicht gar nicht, daß sie Kinder haben. – Wie heißt deine Mutter?“

„Sie hat Mary geheißen“, sagt Enkarbobo. „Sie ist gestorben.“

„Ihr Familienname?“

„Weiß ich nicht.“

„Wo wohnst du?“

„Nirgends.“

„Hör mal“, sagt der Polizist, „du mußt ja irgendwo schlafen. Also, in Mathare-Valley? Oder wo sonst?“

„Beim Stanley Hotel. Hinter dem Tee-Kiosk.“

„Wie alt?“

„Zehn. Ich glaube, ich bin zehn.“

„Was hast du ausgefressen?“

„Nichts.“

Der Polizist lehnt sich zurück und kratzt sich mit dem Kugelschreiber oberhalb der Nase.

„Komm, komm!“ sagt er. „Ich hab' nicht ewig Zeit. Steh auf und dreh die Hosentaschen um!“

Sehr langsam kommt Enkarbobo diesem Befehl nach.

Aus der rechten Tasche holt er ein Stück Schnur, einen rostbraunen Fetzen und einige Zigarettenstummel.

Der lange vom Revier ist auch dabei.

Er legt alles auf den Schreibtisch.

Aber der Polizist sagt: „Hau ab damit!“

Enkarbobo stopft seine Schätze wieder zurück.

„Die andere!“

Mit zwei Fingern holt Enkarbobo aus dem alleruntersten Zipfel der linken Hosentasche 30 Cents heraus. Dreimal 10 Cents.

„Da haben wir's! Leg das Geld auf den Schreibtisch!“ sagt der Polizist. „Es gehört nicht dir. Du weißt, daß Kinder in Nairobi nicht betteln dürfen.“

„Das ist mein Geld. Ich habe nicht gebettelt! Ich habe es verdient!“

„Kenn' ich!“ sagt der Polizist. „Verdient als Parking-Boy. Das ist auch verboten, du Kröte! Eigentlich sollte ich dich einsperren, wegen Herumtreiberei.

Aber ich bin gut aufgelegt. Ein Fahrer wird dich nach Mathare-Valley bringen und dort bleibst du dann, du Dreckhörnchen. Laß dich nicht mehr in Nairobi blicken, sonst sperren wir dich wirklich ein!"

Enkarbobo sagt kein Wort.

Gemeiner Hund! denkt er. Alle Polizisten sind gemeine Hunde! Warum ist das nicht mein Geld? Ich habe es verdient! Aber sie halten alle zusammen! Alle! Die geschniegelten Affen in den Autos und die gewichsten Affen bei der Polizei.

Enkarbobo sitzt wieder auf der Bank. Er hat die Hände unter die Oberschenkel geschoben und den Kopf zwischen die Schultern gezogen. Die Schultern reichen bis zu den Ohren.

Enkarbobo starrt vor sich hin.

Wenn sie nicht Angst hätten um ihre Autos, diese Affen, sie würden nichts zahlen, denkt er. Aber sie fürchten, daß wir ihnen den Lack zerkratzen oder die Scheiben einschlagen oder die Scheinwerfer stehlen. Deswegen zahlen sie. Aber wenn ein Polizist in der Nähe ist . . . Ich hätte besser aufpassen sollen heute . . . Hält mich am Arm, dieser Hund, und schreit: „Sergeant, so ein Mini-Gangster!" Ich werde ihm die Reifen aufschlitzen, wenn er mir noch einmal unterkommt!

Und nun habe ich den ganzen Nachmittag verloren! brütet Enkarbobo weiter. Und nichts verdient. – Du Dreckskerl, du sitzt da fett hinter dem Schreibtisch! Was wirst du heute am Abend fressen? Was wird dir Mammi Gutes kochen, bevor du ins Bett kriechst? – Tom und die andern werden jetzt bald mit einem Stück Karton die Steinchen hinter dem Teekiosk zur Seite schieben. Dann liegt man gut auf dem Pflaster. Vielleicht werden sie sogar ein Feuer anzünden.

Aber ich? Einzelhaft in Mathare-Valley!

Und morgen früh kann ich mir die Beine abwetzen bis zum Knie, nur um wieder zur Arbeit zu kommen.

Das New Stanley ist ein guter Platz, da verdient man auch abends nicht schlecht. Hätten ja schon viele den Platz haben wollen. Aber Tom ist stark, der verprügelt alle. Es ist gut, einen Freund zu haben wie Tom. Auch wenn man immer tun muß, was er sagt.

Vielleicht würde Tom sich die 30 Cents wiederholen. Sie liegen immer noch auf dem Schreibtisch. Ja bestimmt, Tom würde mit einem Satz das Geld an sich nehmen und dann blitzschnell davonlaufen. Enkarbobo macht keinen Satz. Enkarbobo bleibt sitzen. Bis ein zweiter Polizist kommt und mit dem Daumen nach draußen zeigt.

Nun fährt Enkarbobo mit einem Polizei-Auto nach Mathare-Valley. Er ist wütend, weil er morgen wieder in die Stadt laufen muß, aber gleichzeitig genießt er die Fahrt. Er ist noch nie in einem Auto gefahren, nur dreimal in einem Bus. Die Scheiben sind herabgekurbelt. Enkarbobo läßt seine Hand zum Fenster hinaushängen. Er dreht sie so, daß der Fahrtwind sich im Handteller fängt. Bis zur Schulter hinauf reicht die angenehme Kühle.

Soll er heute noch in die Stadt zurück? Nein, das geht nicht, es ist zu weit! Wenn er wüßte, wie Toms Mutter heißt. Sie wohnt in Mathare-Valley mit Toms Geschwistern.

Tom ist der Älteste. Er besucht seine Mutter nur selten. Er sorgt für sich selbst. „Sie hat die elf anderen!" hat Tom gesagt. „Das reicht." Aber selbst, wenn Enkarbobo den Namen wüßte – in dieser Dreckstadt findet man keinen, ganz egal, wie er heißt.

Das Auto bleibt stehen. Der Fahrer pfeift kurz und deutet wieder mit dem Daumen. Enkarbobo springt aus dem Auto.

„Gemeiner Hund!" ruft er dem Fahrer nach. Er hebt einen Stein auf und wirft ihn hinter dem Auto drein. Aber das Auto ist schon zu weit weg, er trifft es nicht mehr. Enkarbobo steht in einer Staubwolke.

Er schlendert zwischen den Hütten umher. Es stinkt. Überall liegt Abfall. Auf einem Abfallberg mitten auf der Straße suchen zwei Ziegen nach etwas Genießbarem. Enkarbobo wird plötzlich von mächtigem Hunger überfallen. Auf der Polizeistation hatte er den Hunger ganz vergessen.

Vor vielen Hütten sind Feuerstellen. Enkarbobo bleibt vor einer stehen. Diese Hütte ist gut gebaut, sie ist aus Holz und hat ein Blechdach. Viele von den anderen Hütten sind nur aus Karton und aus Plastikfetzen. Der Platz um die Feuerstelle ist sauber. Eine junge Frau rührt Ugali. Enkarbobo kommt immer näher. Er muß einfach zusehen, wie der Holzlöffel eine Furche durch den gelben Maisbrei zieht. Alles um ihn her ist versunken. Er sieht nur mehr die gefurchte, gelbe Ugalisonne im Kochtopf.

Die Frau rührt und rührt und blickt nicht auf. Neben der Feuerstelle liegen drei verbeulte Blechteller. Plötzlich hört die Frau auf zu rühren, greift nach einem Teller und klatscht einen Löffel Ugali mitten darauf. „Nimm!" sagt sie.

Enkarbobo ist überrascht. Trotzdem schießen seine Arme nach vorne. Er greift mit den Fingern in den heißen, dicken Brei und stopft ihn in den Mund. Er merkt kaum, daß er sich Fingerspitzen und Zunge verbrennt.

Der Teller ist leer, und Enkarbobo hat immer noch Hunger. Er bedankt sich und geht zwischen den Hütten davon. Ugali ist ein herrliches Geschenk. Er darf es nicht zweimal erwarten.

Auf einer Tonne ist ein T-Shirt zum Trocknen aufgelegt. Es hat ein großes Loch am Rücken, ist aber doch viel besser als Enkarbobos Leibchen mit nur einem Ärmel. Er streift sich das löchrige T-Shirt über. Zwei Leibchen sind wärmer als eines. Die Nacht wird kalt werden, und er ist allein. Hinter dem Kiosk liegen die Buben immer dicht gedrängt, da wärmt einer den andern.

Hoffentlich gehört das Leibchen nicht der netten Frau, die mir den Ugali geschenkt hat! denkt er.

Im Weitergehen nimmt er auch noch einen großen Karton mit, der neben einer Hütte liegt. Am Rande des Slums stellt er den Karton ganz nahe zu einer Hüttenwand und setzt sich hinein. Wenn Enkarbobo Zündhölzer hätte, könnte er nun einen Zigarettenstummel rauchen. Rauchen ist gut gegen Hunger. Leider hat Enkarbobo keine Zündhölzer. Ein paar Leute gehen an ihm vorbei. Sie sehen ihn und sehen ihn auch nicht. Keiner sagt ein Wort.

Enkarbobo verbringt die Nacht zusammengerollt wie ein Hund.

Bei Sonnenaufgang macht er sich auf den Weg zurück in die Stadt. Er ist durchfroren und steif. In seinem Bauch sitzt ein hungriger Löwe. Es ist schlimm, mit einem hungrigen Löwen im Bauch durch die Stadt zu laufen.

Und keiner fragt: „Wie geht es dir? Kann ich dir helfen?"

Enkarbobo ist voller Zorn gegen alle gut angezogenen Leute. Auf die Leute in den Autos ist er besonders böse, weil sie reich sind und ihn trotzdem nicht fragen: „Kann ich dir helfen?"

Als Enkarbobo nach zwei Stunden endlich beim New Stanley ankommt, hockt Tom neben dem Tee-Kiosk.

„Hallo, Enkarbobo, wie war's auf der Polizei?"

„Scheißkerle!" sagt Enkarbobo. „Zuerst hat mir einer das ganze Geld abgenommen, und dann haben sie mich nach Mathare-Valley gebracht."

„Immer dieselbe Scheiße!" sagt Tom. „Übrigens, bei uns gibt's eine Neuigkeit. Da will uns einer Hosen und T-Shirts schenken. Heute um 5 Uhr im Uhuru-Park."

„Wieso?"

„Keine Ahnung! Gestern abends war ein Weißer da, ein Father. Er hat gesagt, daß er ein Father ist. Schaut aber nicht so aus. Und er will uns helfen, hat er gesagt. Er hat Hosen und Leibchen. Vielleicht hat er auch Decken. Wenn er Decken hätte, das wäre gut."

„Du gehst wirklich hin? Und wenn er von der Polizei ist?"

„Sieht nicht so aus. Wir gehen alle hin. Du kommst auch mit!"

Gegen vier Uhr macht sich die Gruppe auf den Weg. Beim New Stanley ist heute nichts los. Enkarbobo hat keinen Cent verdient, also gibt es auch nichts zu essen. Er ist müde. Sein Kopf tut ihm weh. Aber Tom hat gesagt: „Du kommst mit!" Also geht er mit.

Neben einem Zeitungsstand tratschen zwei Frauen. Eine Einkaufstasche steht auf dem Boden, aus der ein Wecken Weißbrot ragt. Die Buben kommen auf die beiden Frauen zu. Sie denken alle dasselbe, brauchen gar nicht mehr miteinander zu reden. Wenige Meter vor der Einkaufstasche beginnen sie zu laufen. Sie schauen nicht nach den Frauen hin, aber Tom läuft so nahe an ihnen vorbei, daß er der Tasche mit dem Fuß einen gewaltigen Stoß versetzen kann. Die Tasche fährt ein Stück über den Gehsteig und fällt schließlich um. Im Laufen reißt einer das Brot an sich. Die anderen bücken sich um herrliche, große Tomaten, die aus einem Papiersack rollen.

Das geht alles sehr schnell. Sogar Enkarbobo hat den kurzen Spurt geschafft, obwohl ihm das Blut wie verrückt in den Schläfen hämmert. Jetzt beginnen die Frauen zu zetern. Aber bevor noch die anderen Passanten gemerkt haben, was geschehen ist, sind die Buben um die nächste Ecke verschwunden. Sie kennen jeden Winkel in diesem Stadtteil. In einer dämmrigen Ecke teilen sie das Brot und die Tomaten unter sich auf. Während ihnen Saft und Kerne über das Kinn rinnen, lachen sie über den geglückten Überfall.

Pünktlich um 5 Uhr sind die Buben im Uhuru-Park. Sie sind keine Minute zu früh gekommen, denn da steht tatsächlich ein kleiner Bus, an dem eine Kindertraube hängt. Mit dem Rücken zum Bus steht ein Mann. Er spricht mit den Kindern.

„Das ist er!“ sagt Tom.

Der Mann ist mittelgroß und hat sehr helle Haare. Sein Gesicht ist schmal, er scheint überhaupt ziemlich dünn zu sein. „Kein Fettsack!“ denkt Enkarbobo erleichtert. Er kann dicke Leute nicht leiden.

Das ist also Father Arno Grol. Er erzählt, daß er in Mathare-Valley wohnt. Kaum zu glauben. Er ist doch ein Weißer, und in Mathare-Valley wohnen keine Weißen!

Er möchte den Leuten dort helfen, sagt Father Grol, vor allem den Kindern. Die Kinder sollen, wenn sie einmal erwachsen sind, nicht in so schlechten Hütten wohnen müssen. Er meint, daß die Parking-Boys tapfer und tüchtig sind, weil sie für sich selber sorgen.

„Und wenn jetzt die Parking-Boys so weit zurückgehen“, sagt Father Grol, „so, daß ich sehe, welcher Kopf zu welchen Beinen gehört, dann werde ich Hosen und Leibchen austeilen. Ich habe genug Hosen und Leibchen für alle. Niemand muß drängen und schreien!“

Die Buben drängen trotzdem, und jeder versucht, noch lauter zu schreien als die Nachbarn. Irgendwie gelingt es aber doch, die Kleider zu verteilen. Viele Buben ziehen sofort die neuen Sachen an. Die alten Fetzen lassen sie liegen.

Enkarbobo behält von seinen alten Sachen nur das Leibchen mit dem Loch am Rücken. Er will es nicht umsonst gestohlen haben. Father Grol sagt, daß die Buben die alten Lumpen einsammeln und in Kartons stopfen sollen. Ein paar machen sich tatsächlich an die Arbeit, die meisten aber laufen einfach davon. Father Grol ruft ihnen nach, daß sie in einer Woche wieder kommen sollen, am Montag, vormittag um neun.

Tom pfeift laut. Die Buben, die zu seiner Gruppe gehören, kommen gelaufen.

„Ab!“ sagt Tom. „Sonst versäumen wir noch das Abendgeschäft!“

Die Buben laufen, sie johlen laut. Wer seinen Vordermann einholt, schlägt diesem mit der flachen Hand auf den Rücken. Es ist lustig, auf ein neues T-Shirt zu schlagen.

Am Abend sitzen sie hinter dem Kiosk. Enkarbobo sitzt auf einem Stück Karton. Er möchte die neue Hose nicht gleich wieder schmutzig machen.

„Der Father ist o. k.!“ sagt er.

„Abwarten!“ sagt Tom. „Vielleicht will er was von uns.“

Nach einer Woche sind die neuen Hosen nicht mehr neu, und die Leibchen sind schon wieder weißgrauschwarz.

„Ich mach euch einen Vorschlag“, sagt Arno Grol. „Ihr könnt einmal in der Woche duschen, wenn ihr wollt. Gleich hier in der Nähe, dort drüben in dem Haus, wo die Fahne mit dem roten Kreuz über der Türe hängt. Wer will, kann gleich mit mir hingehen.“

Viele Buben laufen davon. Sie sind enttäuscht, daß sie nicht wieder neue Kleider bekommen haben.

„Auch so ein rosa Affenarsch!“ sagt Tom. „Er will mir seine Pfote nur geben, wenn ich gewaschen bin!“

Er sagt es so laut, daß es alle hören können, die in der Nähe stehen. Auch Arno hört es. Er lacht und streckt Tom die Hand hin.

„Du bist nicht auf den Mund gefallen!“ sagt er.

Tom funkelt ihn an.

„Wozu die Dusche? Sollen wir bei der Heilsarmee singen? Nairobi ist eine saubere Stadt!“ Tom baut sich auf wie ein Fremdenführer. „Meine Damen und Herren, sogar die Parking-Boys sind gewaschen!“ schreit er laut.

Enkarbobo sieht Tom verwundert an. Was hat er nur? Er hätte ihn gern in die Seite gestoßen, aber wenn Tom wütend ist, kommt man ihm besser nicht in die Nähe.

Die Parking-Boys machen sich auf den Weg zum Roten Kreuz. Nur die New Stanleys und Father Grol bleiben zurück.

„Ich pfeife auf deine Dusche!“ sagt Tom. „Und auf deine milden Gaben pfeife ich auch. Soll ich sagen: ‚Bitte, Father, eine neue Hose, meine hat schon wieder einen Fleck am Hintern?‘ Was nützt mir eine neue Hose? Und die Dusche! Die Dusche! Was nützt es schon, wenn die Leute sagen: ‚Wie schön, die Parking-Boys stinken nicht mehr!‘ Davon werden wir nicht satt.“

„Du hast recht!“ sagt Father Grol. „Das nützt gar nichts. Alles, was irgend jemand für euch tut und was ihr euch einfach schenken laßt, das nützt nichts. Ich finde es großartig, daß du das sagst. Aber wenn wir etwas gemeinsam tun, wenn wir uns gemeinsam den Kopf zerbrechen, dann nützt es vielleicht schon was. Die Dusche ist wirklich nicht wichtig, du kannst dir auch einen dreckigen Kopf zerbrechen. Wichtig ist sie nicht, aber angenehm. Du kannst sie dir sogar leisten, denn ich habe jemanden aufgetrieben, der uns nach der Dusche Tee und Weißbrot spendiert.“

Enkarbobo hat noch nie im Leben eine Dusche gesehen. Er hüpft innerlich vor Neugierde und ist froh, daß die Gruppe sich endlich auf den Weg macht.

„Warum kümmerst du dich um uns?“ fragt Tom Father Grol.

„Weil ich es gut finde, wie ihr euch durchs Leben schlagt!“

Tom sagt: „Haha!“ Aber er schaut schon nur mehr halb so wild drein.

Im Duschraum stehen viele Brausen nebeneinander. Sie sehen wie große Blechblumen aus. Bei jeder Blechblume liegt ein Stück Seife. Father Grol und zwei junge Männer erklären den Buben, daß sie zuerst ein wenig am blauen und dann solange am roten Knopf drehen müssen, bis das Wasser angenehm warm ist. Wenn man nur am roten Knopf dreht, ist das Wasser zu heiß. Der blaue Knopf schickt nur kaltes Wasser – also muß man an beiden Knöpfen drehen.

Wenn der ganze Körper naß ist, sollen die Buben die Seife nehmen und sich überall damit einreiben. Die Seife riecht wunderbar. Bald aber entdecken die Buben noch eine viel schönere Seifeneigenschaft. Wenn man die beiden nassen, rutschigen Handflächen auf einer Seite ganz schnell gegeneinanderdrückt, dann springt das Seifenstück in hohem Bogen davon. Ist die Seife erst davongehüpft, muß man sie auch wieder einfangen. Zwei oder drei Buben sind hinter einem einzigen Stück her. Sie müssen sich auf dem nassen Boden wälzen und um die Seife raufen. Da können die andern natürlich nicht zuschauen.

Es ist so laut im Duschraum, daß sich Arno und seine Helfer kein Gehör verschaffen können. Enkarbobo sieht, wie alle drei den Mund aufreißen, wieder zumachen und wieder aufreißen. Schließlich versuchen sie, angezogen wie sie sind, in Sandalen, Hemd und Hose, den Bubenknäuel auseinanderzuziehen, und werden selbst tropfnaß dabei.

Father Grols Haare sind ziemlich lang. Enkarbobo bemerkt das erst jetzt, weil sie ihm über die Stirn hängen und über die Augen, fast bis zur Nasenspitze. Sie sehen aus wie ein tropfender Bastvorhang. Und unter dem Hemd trägt er noch ein Leibchen. Man sieht es ganz deutlich, denn das Hemd klebt daran, und das Leibchen hat einen dunkelblauen Rand und der hängt nun wie eine Kette um Arnos Hals. Auch Arnos Jeans sind naß, vorne sogar sehr, und außerdem noch voller Seife. Die beiden anderen sehen nicht viel besser aus. Die Buben kreischen wie verrückt.

Nach der Dusche gibt es Tee und Weißbrot, weil die Buben das Vormittagsgeschäft versäumt haben. Also nächsten Montag wieder! Wieder Dusche und wieder Tee und Brot. Enkarbobo ist überrascht, daß es so angenehm ist, gewaschen zu sein.

„Was braucht ihr am notwendigsten?" fragt Arno eines Tages.

Kein Mensch hat je die Parking-Boys gefragt, was sie brauchen. Zunächst wissen sie keine Antwort. Nicht einmal Tom weiß eine. Schließlich rufen ein paar:

„Eine Schule!"

„Eine Schule?" fragt Arno. „Wirklich eine Schule?"

Er macht ein sehr dummes Gesicht.

„Du siehst aus, als hätten wir uns eine Fahrt zum Mond gewünscht!" sagt Tom.

„Warum unbedingt eine Schule?" fragt Arno.

„Weil man Schule nicht stehlen kann!" sagt Enkarbobo. „Wenn du Hunger hast, kannst du dir vielleicht etwas zum Essen stehlen. Und dann hast du für eine Weile keinen Hunger mehr." Enkarbobo denkt an das Weißbrot und die Tomaten, aber auch an Mangos und Papayas, die er auf dem Markt hat mitgehen lassen. Auch das Leibchen fällt ihm wieder ein, obwohl das nichts zum Essen war. Aber Schule kann man nicht stehlen. Man darf in die Schule oder man darf nicht. Parking-Boys dürfen nicht.

„Bekommen wir eine Schule?"

„Vielleicht", sagt Arno.

Enkarbobo war noch nie in einer Schule. Wer keine Eltern hat, keine Wohnung, nicht einmal einen ordentlichen Schlafplatz – der kann nicht in die Schule gehen. Schulkinder dürfen nicht schmutzig sein. Schulkinder tragen eine Uniform und sogar Schuhe. Kinder, die in die Schule gehen dürfen, laufen in ihren Uniformen und Schuhen durch die Stadt – aufgebläht wie die Hähne am Mist, findet Enkarbobo. „Schulkinder sind einfach blöd!“ sagt er.

Aber er denkt auch: Vielleicht bekommen wir alle Schuluniformen und Schuhe, und niemand kann uns anmerken, daß wir Parking-Boys sind.

Wir legen die Uniformen in einen Karton, damit sie nicht staubig und fleckig werden. Und wir ziehen die Schuhe nur in die Schule an. Und am Montag riechen wir nach Seife und am Dienstag vielleicht auch noch ein bißchen.

Enkarbobo freut sich auf die Schule. Alle New Stanleys freuen sich auf die Schule. Wenn sie abends hinter dem Kiosk sitzen, dann reden sie davon.

„Hast du sie schon?“ fragen sie Arno.

„Was?“

„Die Schule!“

„Ich suche noch.“

Eine Schule suchen! Was für eine Idee. Schulen können sich doch nicht verstecken wie 10 Cents im Gebüsch, Schulen sind doch große Häuser!

Viele Buben haben es aufgegeben, jeden Montag in den Uhuru-Park zu kommen. Für eine Dusche allein lohnt sich der weite Weg nicht, nicht einmal für Tee und Brot. Und an die Schule glauben sie längst nicht mehr.

„Morgen ist Schule!“ sagt Arno nach vielen Wochen.

Einen Moment lang starren ihn die Buben an, bevor sie losbrüllen: „Wo?“

„Im Pfarrhof von St. Paul.“

„Bekommen wir eine Uniform? – Schenkst du uns Schuhe?“

„Nein!“ sagt Arno. „Ihr braucht keine Uniform und keine Schuhe. Das ist eine Schule ganz speziell für euch. Da dürft ihr auch barfuß hinein.“

Keine Uniform!? Enkarbobo kann es kaum fassen. Er hätte so gern ausgesehen wie andere Kinder, wie solche mit Eltern.

„Uniform ist nicht wichtig!“ sagt Father Grol. „Das, was da drin ist, ist wichtig!“ Und er tippt Enkarbobo an die Stirn.

„Und daß ich nicht vergesse“, sagt Father Grol, „nach der Schule gibt es jeden Tag Ugali oder Bohnen oder sonst was.“

„Wir kommen morgen alle sieben!“ sagt Tom. „Nur so zur Probe, um uns die sauberen Köpfe zu zerbrechen.“

Er grinst über das ganze Gesicht.

Enkarbobo stößt Tom in die Rippen. Wenn Tom gut aufgelegt ist, darf man das.

NIGERIEN

Umuahia, Kleinstadt, ca. 120 km nördlich des Golfs von Biafra

Daheim zu Besuch

Es war noch ganz dunkel, als Elsie aufwachte. Sie drehte sich auf die andere Seite und wollte weiterschlafen, aber da fiel ihr ein: Heute kommt Teresa!

Teresa, die große Schwester, an die sie sich kaum noch erinnern konnte. Die vor fünf Jahren weggefahren war, mit dem Autobus in die Hauptstadt, nach Lagos, und von dort mit dem Flugzeug nach Norden geflogen war, weit nach Norden. Bis nach Wien. Ob Teresa überhaupt mit Elsie reden würde? Richtig reden, von gleich zu gleich? Schließlich war Elsie sieben Jahre jünger. Fast jeden Tag hörte sie: Du mußt lernen wie Teresa. Du mußt gut sein in der Schule wie Teresa. Dann bekommst du vielleicht auch ein Stipendium. Dann kannst du auch studieren. Wie die großen Geschwister. Dann hast du eine Chance.

Manchmal fand Elsie, daß es nicht einfach war, sieben große, kluge Geschwister zu haben. Wenn sie die Fünfte in der Klasse war – einer Klasse mit siebzig Schülern – dann sagte der Vater: „Wieso nur die Fünfte? Du bist doch nicht dümmer als die anderen. Wo warst du, als die ersten vier es geschafft haben?“

Elsie wußte, wie wichtig es war, gut zu sein in der Schule. Es ging nicht nur um ein Stipendium, es gab überhaupt viel zu wenig Plätze an der Universität. Ohne abgeschlossenes Studium hatte man wenige Möglichkeiten. Elsie hatte selbst schon die jungen Leute gesehen, die an Straßenecken herumlungerten und auf eine Stellung warteten. Der Vater sagte, sie wollten sich nicht die Hände schmutzig machen und auf dem Land arbeiten.

Draußen fingen die Vögel zu lärmen an. Ein Hahn krähte. Elsie lief in die Badekammer und wusch sich gründlich. Sie zog einen Scheitel. Vorn war er schnurgerade, aber dann machte er einen Knick, wie die Straße zum Hauptplatz. Sie versuchte es noch einmal. Diesmal ging der Knick in die andere Richtung.

Aus der Küche hörte sie Klappern und Klirren und Schlagen. Sie öffnete die Tür. Hitze schlug ihr entgegen. Der ganze Herd stand voll mit brutzelnden Töpfen. Ma schlug Teig für Sesamkuchen ab. Tante Joanna zerstieß Pfefferkörner im Mörser.

Über dem Tisch hing eine Weltkarte. Die Orte, wo die Geschwister studierten, waren rot umrandet. Chicago, Duisburg, Wien ... Rings um die Weltkarte waren Ansichtskarten festgesteckt, die die Geschwister geschickt hatten.

„Nimm dir ein Brot“, sagte Ma.

Sonst richtete sie immer das Frühstück für Elsie. Heute hatte sie keine Zeit.

Immer wieder streckte eine Kusine, eine Tante, eine Nachbarin den Kopf zur Tür herein und fragte: „Sind sie schon da?"

Ma lachte jedesmal. Sie wußte genau, daß in jedem Haus einer Ausschau nach dem Wagen hielt. Die Tanten und Kusinen hätten es noch vor Ma gewußt, wenn Teresa gekommen wäre.

„Elsie, hol die Papaya von der Veranda."

„Elsie, hol Tomaten aus dem Garten."

Elsie hol dies. Elsie hol das.

Elsie rannte hierhin und dorthin.

Trotzdem verging die Zeit nicht.

Dann hupte es plötzlich laut, alle Hunde in der Nachbarschaft bellten und kläfften, Türen knallten.

Teresa stand schon mitten in einem Menschenknäuel, als Elsie hinausgelaufen kam.

Teresa trug einen dunkelblauen Rock und einen dunkelblauen Pullover. Sie umarmte Elsie und lachte dabei. Sie roch anders.

Alle drängten ins Haus. Alle redeten durcheinander. Kleine Kinder brüllten. Ma rannte zum Herd und rührte so heftig in allen Töpfen, daß es auf die heiße Platte zischte und stank.

Den ganzen Tag über war ein Kommen und Gehen, ein Durcheinanderfragen und Durcheinanderreden.

Elsie ließ sich an den Rand drängen. Es fiel ihr auf, daß Teresa manchmal beim Erzählen stockte, ein Wort suchen mußte und mit den Händen ruderte, als könnte sie es aus der Luft fangen wie eine Fliege.

Elsie wollte so vieles fragen. Sie wartete auf eine günstige Gelegenheit.

Als Ma am Abend Palmfaserfackeln anzündete, schnupperte Teresa wie ein Kaninchen und sagte: „Wie das riecht! Wie das riecht!" Elsie wunderte sich. Wie roch das schon? Normal! Wie eben Palmfackeln rochen. Aber Teresa tat, als sei das etwas Besonderes.

Am nächsten Tag gingen Teresa und Elsie miteinander auf den Markt. Teresa rannte von einem Obsthaufen zum anderen, kaufte Papayas, Mangos, Kakipflaumen, frittierte Kochbananen, aß alles durcheinander und lachte, kaufte Bohnenbrei von der Uralten und kratzte den Teller leer und leckte sich die Lippen, als sei dieses Alltagsgericht das Köstlichste auf der Welt. Sie befühlte die bunten Stoffe, sie stand ewig lang vor den Muschelketten und sagte, so eine müsse sie unbedingt haben.

Elsie redete nur wenig.

Sie wollte sich vorstellen, wie das dort war, in Europa. Wie man dort lebte, weit weg von Ma und den Tanten und Kusinen und allen, die man kannte. Wie war das, wenn einem niemand zusah? Fühlte man sich da frei – oder fürchtete man sich?

Teresa steckte ihre Nase in eine Hibiskusblüte. Danach hatte sie einen gelben Fleck Blütenstaub auf der Nasenspitze.

Am Abend wollte sie ins Kino gehen. Sie war noch nie daheim im Kino gewesen, sagte sie. Eine Kusine und ihr Verlobter hatten sie eingeladen, zwei Kusins würden auch mitkommen. Pa verbot es ihr nicht direkt, aber er griff auch nicht in die Tasche und gab ihr kein Geld.

Teresa ging trotzdem.

Elsie konnte kaum glauben, daß die große Schwester wirklich so dumm war, daß sie nicht verstand, was der Vater gemeint hatte. Man ging doch nicht einfach abends ins Kino. Noch dazu ohne Eltern, durch die halbe dunkle Stadt. Da konnte wer weiß was passieren.

Als Teresa zurückkam, saßen alle stumm um den Tisch. Elsie hatte Herzklopfen. Teresa aber lachte, fing an zu erzählen, was sie gesehen hatte, und wer noch im Kino gewesen war. Plötzlich fragte sie auch noch: „Was ist los? Was habt ihr?“

Elsie erwischte sich dabei, daß sie den Kopf schüttelte wie die alten Tanten, die Arme aus dem Schultergelenk schlenkern ließ und mit den Fingern schnalzte wie sie. TttTttt. Neunzehn Jahre alt und so dumm! Die große Schwester, die immer die Beste oder zumindestens die Zweitbeste in der Klasse gewesen war.

„Jetzt wissen wir, was du in Europa gelernt hast“, sagte Pa. Teresa sah ihn fassungslos an.

Am nächsten Tag kamen Verwandte aus einem entfernten Dorf und belagerten Teresa mit immer neuen Fragen. Elsie merkte, daß Teresa keine besondere Freude daran hatte. Ihr Gesicht nahm einen merkwürdigen Ausdruck an, sie zog die Schultern vor, als ob ihr kalt wäre.

„Magst du nicht erzählen?“ fragte Elsie.

„Doch. Nur . . . das ist nicht so einfach . . .“

„Bist du nicht gern dort?“

„Natürlich bin ich gern dort“, antwortete Teresa.

Elsie glaubte ihr nicht recht.

Wenn das Zimmer überquoll von kleinen Kindern, die durcheinanderwuselten, die durcheinanderquiekten, die einem auf den Schoß krochen und einen an den Haaren zogen, dann strahlte Teresa. Und wenn die Tanten schwatzten und schwatzten über Dinge, die sie schon tausendmal und öfter beredet hatten, hörte Teresa zu, als sei das ungeheuer interessant.

Den blauen Rock und den blauen Pullover hängte sie in den Schrank. Sie nähte sich ein Kleid aus dem buntesten Stoff, den sie auf dem Markt fand. Elsies schickes schottisch kariertes Kleid aus dem Versandhaus machte keinen Eindruck auf sie.

Manchmal stand sie bloß da und schaute.

In der Schule wollten alle wissen, was Teresa aus Wien erzählt hatte. Elsie mußte die Geschichten selbst erfinden.

Am Ende der Woche fuhren sie zu den Großeltern aufs Dorf.

Elsie sah, wie Teresa mit den Fingern über die Palmfasern strich, die vor dem Haus aufgereiht waren.

Als sie zum ersten Mal Wasser holen ging, trug sie Schuhe, obwohl man auf den Stufen, die hinunter zur Quelle führten, so leicht ausrutschte. Später ging sie dann barfuß wie alle, aber sie ging, als hätte sie Angst, auf Dornen zu treten. Dabei waren doch gar keine Dornen auf dem Weg durchs Dorf. Der wurde jeden Tag sauber gefegt.

Auch jetzt, in den Ferien, hielt Ma Elsie zum Lernen an.

„Du willst doch studieren!"

Elsie war nicht mehr so sicher. Die Schwester war lieb, aber in manchen Dingen kam sie ihr vor wie ein kleines Kind, das alles erst lernen muß – und gleichzeitig fremd und wissend.

Sonntag war Vollmond. Das ganze Dorf kam auf dem Dorfplatz zusammen. Es wurde getrommelt, gefidelt, gesungen und getanzt. Teresa sah eine ganze Weile nur zu. Dann lief sie in den Kreis und tanzte wie eine Besessene.

Plötzlich war sie verschwunden.

Elsie fand sie, hinter der Hütte der Großeltern. Sie hatte die Stirn gegen eine Palme gelegt. Elsie stand eine lange Zeit neben ihr, bis sie sie endlich am Ärmel zupfte.

Teresa drehte sich erschrocken um, dann packte sie Elsie um die Mitte, hob sie hoch, schwang sie herum, stellte sie wieder auf die Füße und rief: „Komm tanzen!"

Ein kleines Mädchen konnte man vielleicht so herumwirbeln. Die quiekten dabei noch vor Vergnügen. Aber doch nicht eine Elfjährige! Elsie versuchte einmal, mit Ma über Teresa zu reden.

Aber Ma schien sie gar nicht merkwürdig zu finden. Sie sagte nur: „Weißt du – das ist, wie wenn du im Fluß gebadet hast. Hinterher riechst du nach Fluß."

Elsie verstand das nicht.

Anfangs, ja – da hatte Teresa fremd gerochen.

Aber jetzt nicht mehr.

Elsie lief zu den Kindern, die auf dem Dorfplatz Bockspringen spielten.

Am Abend dröhnten aus dem Nachbardorf Trommelschläge herüber. Aus allen Häusern und Hütten kamen Menschen gelaufen. Auch Elsie rannte.

Plötzlich hielt jemand sie fest.

„Was ist los?" fragte Teresa.

„Hörst du doch!"

„Hören schon", sagte Teresa.

„Dann komm!" rief Elsie. „Die anderen sind alle schon da!" Sie wollte nichts versäumen.

Teresa rührte sich nicht vom Fleck.

Hörte sie denn nicht, daß die Leute von der Mobilen Klinik im Nachbardorf eingetroffen waren? Morgen würden sie hierher kommen, da mußten Vorbereitungen besprochen werden, und hinterher würde es ein Fest geben. Einer der Ärzte war ein Neffe des alten Häuptlings, der . . .

Teresa stand da, Ratlosigkeit in den Augen. „Was ist mit dem Häuptling?“ fragte sie. „Ich verstehe die Trommeln nicht mehr.“

Elsies Scheu war plötzlich weg. Sie nahm Teresa an der Hand und führte sie zum Dorfplatz und übersetzte im Gehen, was die Trommel eben wiederholte.

Nimm den Atlas zur Hand und klemme Europa – vom Nordkap bis Sizilien – zwischen Daumen und Zeigefinger. Verdopple diese Strecke, und du erhältst die Nord-Süd-Ausdehnung Afrikas: 8000 km. Dreimal hätte die Fläche Europas in der Fläche Afrikas Platz.

Die drei Karten zeigen dunkel die Kolonien und hell die unabhängigen Länder Afrikas in den Jahren 1900, 1959 und 1979.

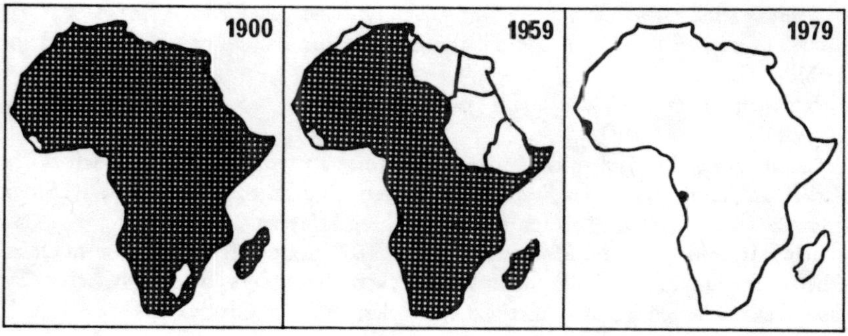

UGANDA

Provinz Kyengera

Ein Tag am Fuße des Kyawatuba-Berges

Ich schlafe. Ich träume.

Ich fahre ganz langsam am Kanakulya-Gehöft vorbei, damit Kigozi und seine Brüder herauslaufen und mich auf meinem Fahrrad sehen können. Die werden staunen.

Was klopft denn da? Jemand redet mit mir.

Aber ich will noch nicht aufwachen.

Ich bin bei meinem neuen Fahrrad, und das ist ein Raleigh-Rad, eines der besten überhaupt.

Tickie-tickie, tickie-tickie macht das glänzende neue Rad. Es ist ein Gangrad. Davon gibt es nicht viele in unserem Dorf. Es ist sogar ein Sportrad. Ein Rennrad.

So ein glücklicher Kerl! sagen alle im Chor. Und ich zeige ihnen, was mein Rad alles kann. Ich lege den dritten Gang ein und fahre los. Als ich mich umdrehe, sehe ich nur mehr verschwommene Gesichter.

„*Munange wange . . . vamubulili . . . obadeotya mulongo wange . . . chichi leero?*"

Jetzt höre ich, jetzt erfasse ich, daß mich jemand ruft. Das kann nur Jaja sein. Ich bin ihr Lieblingsenkel. Sie fragt mich, ob ich nicht aufwachen will.

Es ist gut zu wissen, daß man jemanden wie Jaja hat. Jemanden, der einen behandelt, als wäre man etwas Besonderes. Dabei hat Jaja sehr viele Enkelkinder.

Wenn Jaja in der Nähe ist, rührt mich Maa nicht an. Auch wenn ich mich vor den häuslichen Arbeiten gedrückt habe, die sie mir aufgetragen hat, bekomme ich keine Schläge, wenn Jaja dabei ist.

„*Bambi munange nziramu . . .*", sagt Jaja. „*Nziramu mpulile ku dobozi lyo mulongo wange*". Das heißt, sie will endlich die Stimme ihres Lieblings hören. Und ihr Liebling, das bin ich.

Ich antworte faul: „*Wanji Jaja*" – ja, Großmutter.

„Bitte, steh doch auf!"

Ich möchte, daß Jaja mich noch einmal ruft, aber dann beschließe ich doch, darauf zu verzichten. Maa könnte sie hören und mit dem Kamwanyi-Stock kommen. Sie schlägt am liebsten auf den nackten Hintern.

Ich laufe hinaus in die Morgensonne, und Jaja freut sich wie immer, mich zu sehen. Sie wird es nie müde, mich anzugucken. Besonders, wenn ich lächle. Sie sagt, dann sehe ich genauso aus wie mein verstorbener Großvater.

„Du siehst aber heute wirklich krank aus. Solltest du nicht ins *Dwaliro* gehen?"

Ins Krankenhaus? Kommt nicht in Frage, denke ich. Die Spritzen dort sind so groß wie die, die der Tierarzt für die Kühe verwendet. Das hat Maa erst vor einer Woche gesagt, als ich meine Quinintabletten nicht schlucken wollte.

„Aber Jaja, ich bin doch nicht krank genug für das Krankenhaus!"

„Also dann beeile dich", sagt Jaja.

Ich muß mich wirklich beeilen. Wer zu spät kommt, wird geschlagen. Ich gehe zum Badezimmer.

Da fällt mir ein, daß ich gestern kein Wasser vom Bohrloch geholt habe, obwohl meine Schwester Lucy mich lange suchte.

Bei uns gibt es in den meisten Gehöften einen großen Wassertank aus Wellblech, der vom Dorfschmied zusammengeschweißt ist und so viel Wasser enthält, daß wir monatelang damit auskommen können. Aber dieses Wasser wird nur zum Trinken und für Tee verwendet, nicht zum Kochen und Waschen.

Da ich also gestern kein Wasser geholt habe, wird es schwierig sein, Wasser aus der *Pipa,* der Trommel, zu bekommen. Lucy, die auf unserem Hof für das Wasser verantwortlich ist, sieht mich so mißtrauisch an wie ein Adler, der in einiger Entfernung von seinem Nest mit den Jungen auf eine blöde *Muyayu* lauert, eine Wildkatze, die auf den Baum klettert und sich die Augen aushacken lassen will.

Lucy hat mir oft genug gedroht. Erst gestern hat sie mir ganz genau geschildert, wie sie mich ausziehen und verdreschen würde, wenn Jaja oder Tataa ihr die Gelegenheit dazu gäben. Sie freut sich richtig darauf.

Ich nehme einen Eimer und gehe zum Wasserfaß.

Schon hat sie den Kamwanyi-Stock in der Hand.

„Bossa! Du hast noch keine Frau, die für dich Wasser holt!" Mit zwei großen Schritten hat sie mich fast erreicht, aber da schießt Jaja aus ihrem Haus, als hätte sie eine *Esasalaambwa,* eine Viper, gesehen.

Großeltern dürfen nicht im selben Haus mit ihren Kindern schlafen, das ist bei uns tabu. Darum gibt es in fast allen Gehöften ein eigenes Haus für die Großeltern. Sie dürfen auch nicht dasselbe Waschbecken verwenden wie Maa und Tataa und haben ihre eigene Wassertrommel.

Wenn meine mütterliche Großmutter zu Besuch kommt, dann kann sie nicht gleich ins Haupthaus gehen, sie muß zuerst in das Haus der Großeltern gehen. Dann erst kann Tataa kommen und sie begrüßen.

Jaja rettet mich also schon wieder, und ich verschwinde im Badehaus. Bevor ich Jajas Haus betrete, putze ich mir draußen die Füße sehr gut ab. Sie ist sehr stolz auf ihre *Mikeka,* ihre bunt gewebten Palmmatten. Wenn man mit dreckigen Füßen darauf tritt, hat man guten Grund, es zu bereuen.

Der Tee ist schon fertig. Er sieht köstlich aus, mit einer silbrig glänzenden Haut obenauf. Man sieht direkt, wieviel Milch darin ist. Tataa sorgt dafür, daß Jaja das Beste bekommt, das er sich leisten kann. Und zum Tee gibt es *Egoluu,* das sind gebackene Kochbananen, die auf eine besondere Art zubereitet werden: Die Bananen, die vom Abendessen übriggeblieben sind, werden sorgsam in zwei Schichten Bananenblätter gepackt, und zwar in die Blätter, die beim Kochen zum

Zudecken verwendet wurden. Dann bedeckt man die Bananenblätter mit einer Mischung aus heißer Asche und Holzkohle. Wenn das sehr sorgfältig gemacht wird, ist das *Egoluu* am Morgen noch heiß und hat eine goldbraune Kruste wie ein gut gebackener Kuchen. Hat man den ersten Bissen gekostet, so will man gar nicht mehr aufhören zu essen. Auch die Sauce zu diesem *Goluu* wurde über Nacht heiß gehalten. Sie ist dick und schmeckt wunderbar. Es ist Erdnußsauce aus gerösteten Erdnüssen, die im Mörser zerstoßen werden, dann kommen sie mit Wasser aufs Feuer und müssen drei- bis viermal aufkochen, bevor Tomaten, Zwiebel, Pilze und zuletzt *Omuzigo Omuganda,* eine Art Butterschmalz, dazugetan werden.

Unsere Lehrer sagen, *Egoluu* ist schlecht für uns, sie sagen, es ist schuld daran, wenn wir während der Schulstunden einschlafen, und wir sollen lieber Brot essen. Aber ich finde, daß ich nicht einmal gähnen muß, wenn mein Bauch schön voll ist.

Ich reibe mir die Hände, und Jaja lächelt. Sie freut sich, wenn man schätzt, was sie zubereitet hat.

Ich bin noch nicht fertig, da ertönt von draußen das Rauschen und Rascheln von Maas langen Röcken, die über den Boden fegen. Sie ist die einzige auf diesem Hof, die immer in Eile ist, als müsse sie hinter irgend etwas herlaufen. Maa lacht selten, und wenn sie uns schlägt, entschuldigt sie sich niemals hinterher wie Tataa.

Sie kniet nieder, sieht mich – und ist zuerst einmal sprachlos.

Da Jaja eine ältere Frau ist, muß Maa niederknien oder auf einer Matte sitzen, wenn sie sie begrüßt oder mit ihr spricht. Das gilt auch für Tataa. Sie darf nicht stehen wie ein Mann, wenn sie mit ihm redet.

„Okyali wano?“

„Oh, laß doch, er fühlt sich nicht ganz wohl. Aber mach dir keine Sorgen, er geht gleich in die Schule.“

Ich schlinge den letzten Bissen hinunter, trinke den Tee aus und bin schon auf der Straße, wo ich unseren Nachbarn Paul treffe.

Als wir ankommen, hat es bereits zum zweiten Mal geläutet, und die Schüler stehen schon zum Gebet angestellt, jede Klasse in einer eigenen Reihe, Mädchen und Jungen getrennt.

Malwoga, eine der strengsten Klassensprecherinnen, schreibt unsere Namen auf. Wer zu spät kommt, wird nach der Schule bestraft.

Und Master Kabengwa, der Lehrer, der für Disziplin verantwortlich ist, der genießt es richtig, jemanden zu verhauen. Die Schüler der 7. Klasse sagen, Master Kabengwa war Askari in The King's African Rifles, und er wurde von den *Bangerezza,* den Briten, dazu ausgebildet, Leute zu bestrafen. Die Peitsche ist seine Spezialität.

„Vorbeugen!“ befiehlt er, aber nicht mit der bösen Stimme, die man von einem Lehrer erwartet, der einen unfolgsamen Schüler straft. Dann neigt er sich ein wenig vor wie die Landvermesser, die in unser Dorf kommen, damit die Regierung weiß, wieviel Land ein jeder hat. Master Kabengwa tut das, als vermesse er die Entfernung zwischen deinem Hintern und seinem Rohrstock.

„Schön locker lassen", sagt er. Dann richtet er sich auf, zieht sein langärmeliges Hemd aus, faltet es säuberlich, fährt sich durch die Haare – und inzwischen bist du wirklich sehr nervös. Warum tut er denn, als wollte er dich nicht schlagen, wenn er doch genau weiß, daß er dich schlagen wird?

Er holt aus, und du spannst automatisch die Muskeln an, damit der Schlag weniger schmerzt. Aber genau in dem Augenblick, wo du die Bremse losläßt – wie er es nennt –, gibt er dir drei schnelle. Und du springst auf und windest dich, und er packt dich so rasch, daß du es kaum merkst, und gibt dir noch drei. Und wenn er zuschlägt und deine Muskeln sind locker – das tut richtig weh. Dann kichert er vor Vergnügen. „Heh-heh, *kawomaye*" – süß, nicht wahr –, und dann kichert er wieder. „Heh-heh, heh-heh, der nächste Patient, bitte."

Die älteren Schüler nennen es das Kabengwa-Kichern. Und wenn er so kichert, dann spürst du, wie der Schmerz tiefer ins Fleisch schneidet, und du willst nie wieder in deinem ganzen Schülerleben zu spät kommen.

Es gibt Augenblicke, wo wir uns fragen, warum die Europäer diese Idee mit der Schule zu uns brachten. Unsere Urgroßväter, die hatten es gut. Die brauchten nicht zur Schule zu gehen.

Man kann auch nirgendwohin davonlaufen. Tataa ist sehr streng, was die Schule betrifft. Und Jaja ist womöglich noch ärger! Manchmal sagt sie: „Bossa, ich freue mich auf den Tag, an dem du einen Mercedes fahren wirst wie Dr. Mukasa. Er hat wirklich fleißig gelernt – und sieh dir an, was er jetzt dafür hat."

Der Religionslehrer beginnt das Gebet.

Mein Nachbar Christopher kitzelt mich am Rücken, und als ich mich umdrehe, zeigt er mit dem Kopf nach links.

Sukasa, einer der beliebtesten Schüler in der 6. Klasse, der die lustigsten Geschichten erzählt, kitzelt ein Mädchen aus der 7. namens Nankya. Er denkt vielleicht, sie würde lächeln. Aber sie weiß, daß er sich nur über sie lustig machen will. Also haut sie ihm eine herunter.

Nankya ist das letzte Mädchen, mit dem ich mich anlegen würde!

Die zieht einen glatt an der Nase oder haut einen auf den Kopf, wenn man ihr zu nahe tritt. Sie ist für die Schüler der 3. und 4. Klassen beim Essen verantwortlich, und die meisten von uns kommen gar nicht auf die Idee, herumzuspielen, wenn sie da ist.

Sie ist Landesjugendmeisterin im 2000-Meter-Lauf. Und sie ist der Stolz der Kyawatubaa Full Primary School.

Es heißt, daß sie schneller laufen kann als die Antilope oder der Wasserbock. Es heißt auch, daß sie zwei Meilen zu Dr. Mukasa rannte, als ihre Mutter einen Malariaanfall hatte und kein Heilkraut helfen konnte. Nankya lehnte es ab, in Dr. Mukasas Wagen zurückzufahren, sie folgte ihm in einem gemütlichen Trab und hätte ihn überholt, wenn sie gewollt hätte.

Die Gebete sind beendet, der Direktor sagt ein paar Worte, hauptsächlich darüber, daß der Standard in bezug auf Sauberkeit gelitten habe. Und daß er in Zukunft in dieser Hinsicht sehr streng zu sein gedenke.

„Diejenigen von euch, die meinen, es sei nicht an ihnen mitzuhelfen, das Schulgelände sauber zu halten, werden die Konsequenzen zu tragen haben. Die Konsequenzen, sage ich!“

Die Schüler der beiden obersten Klassen applaudieren.

Der Direktor lächelt ein wenig. Er mag es, wenn seine Studenten applaudieren, besonders, wenn sie seine langen, komplizierten Wörter zu schätzen wissen.

Bevor wir in unsere Klassen gehen, werden unsere Fingernägel geprüft. Natürlich tragen wir alle unsere Schuluniform, es ist streng verboten, in gewöhnlichen Kleidern zur Schule zu kommen. Manche Jungen aus der siebenten Klasse tragen sogar Schuhe, und die Mädchen aus der Siebenten haben weiß-grüne Gürtel und sind ungeheuer stolz darauf.

In einer ordentlichen Reihe marschieren wir in unsere Klasse. Der Lehrer kommt herein, unsere Namen werden aufgerufen, die Mathematikstunde beginnt. Alles läuft wie immer, bis auf ein paar Kleinigkeiten. Majangwa zum Beispiel, der frechste Schüler unserer Klasse, hat gestern statt der Mathematikhausübung seine Englischhausübung abgegeben. Der Lehrer ist richtig wütend darüber.

Majangwa fällt immer irgend etwas ein. Vor kurzem hat er ein Lied über Christopher gemacht:

„Christopher Columbus ging zu dem Lumbwa
und wollt' einen umbwa (Hund).
Was bekam er statt dessen?
Er bekam einen Kater.
Und dann hat ihm der Kater
den Arsch weggefressen.“

Wenn Majangwa diese dummen Lieder singt, müssen wir alle lachen. Er erzählt uns weiter, daß dieser Christopher Columbus in einem Land lebte, wo Milch und Honig floß und Geld auf den Bäumen wuchs. Aber all das ließ er hinter sich und suchte ein neues Land, und dann kam er ins Land der Indianer, wo die Menschen rot waren und rohes Zeug und außerdem Mäuse aßen. Und die Reise dorthin dauerte acht volle Jahre.

Ich bin jetzt acht Jahre alt – es muß sehr weit sein nach Amerika. Wenn ich einmal in die siebente Klasse gehe, werde ich den Geschichtslehrer bitten, daß er uns von Columbus erzählt. Irgend etwas stimmt da nicht. Ich glaube, Majangwa hat die Geschichte von seinem großen Bruder, der jetzt weit weg im Internat ist.

In der Pause schenkt uns Paul gefüllte Teigtaschen, *Sumbusas*. Sie schmecken so gut, daß wir vergessen, das Papier zum Papierkorb zu tragen und es einfach fallen lassen. „Majangwa, wie oft muß ich dir noch sagen, daß du kein Papier herumwerfen darfst?“

Wir drehen uns um. Vor uns steht der Schulsprecher. Wir versuchen, Ausreden zu erfinden, aber wir stottern nur.

„Also schön, aber das ist das letzte Mal! Ich will so etwas nicht wieder sehen.“

Unsere Schule hat sieben Klassenzimmer, das Büro des Direktors, ein Lehrerzimmer, eine Küche, einen überdachten Platz, wo wir essen, und in einiger

Entfernung die Latrinen. Aber sie ist natürlich nicht so modern wie die Schulen in der Hauptstadt, in Kampala.

Ich war schon einmal in Kampala, in den letzten Ferien.

Dort gibt es ungeheuer viele Menschen: *Bazungus* und Chinesen und *Bachotolas,* das sind Mischlinge. Ich frage mich nur, wie sie alle nach Hause finden und woher sie ihr Essen nehmen. Und die Häuser sind so hoch, daß man glaubt, sie stürzen gleich auf einen herab, wenn man hinaufblickt.

In unserem Gemeinschaftshaus sahen wir einen Film von einer Stadt, die war noch größer. Landani hieß sie. Und der Mann, der alles erklärte, sagte, in der Stadt wohnten so viele Menschen wie in ganz Uganda. Und wie schnell sie alle liefen! Wie der *Gombolola askari,* der Dorfgendarm, wenn er seine Runde macht.

Für uns aber ist unsere Schule wirklich groß, und wir sind stolz auf sie. Besonders, wenn der Inspektor kommt und uns mit Lob überschüttet. Der Inspektor muß sehr viele Kleider daheim haben. Er trägt jedesmal eine andere Jacke und eine andere Krawatte.

Und er redet wie ein Engländer, als hätte er eine verstopfte Nase. Und unsere Lehrer entschuldigen sich immerzu bei ihm.

Er raucht auch eine europäische Pfeife, die ist kurz und dick und hellbraun. Sie muß sehr teuer gewesen sein.

Es heißt, er hätte zehn Jahre lang in Bungerezza studiert.

„O ja. O ja." Er nickt mit dem Kopf wie ein Ziegenbock, der einen rammen will. Er rudert mit den Händen und blickt auf die Uhr, als hätte er nicht viel Zeit. Dann legt er die Hände auf den Rücken und geht ein paar Schritte mit gesenktem Kopf, wie tief in Gedanken versunken. Plötzlich aber schießt er herum, als hätte er eine schwarze Mamba gesehen, und sagt, halb auf Englisch, halb auf Luganda: „Oh . . . Ohoo . . . yes . . . *Ndowoza ekgo kitufu.*" (Ich glaube, das ist völlig richtig.) Unser Direktor ist die ganze Zeit über kerzengerade gesessen, nicht mit überschlagenen Beinen wie sonst, sondern Bauch herein und Schultern zurück. Genauso, wie wir sitzen sollen. Und wir müssen in uns hineinlachen, weil unser Herr Direktor, von dem wir immer glaubten, er stünde über allen anderen, sich plötzlich benimmt wie ein Schuljunge.

Selbst der *Gombolola chief,* der Gendarmeriekommandant, sagt kaum etwas, wenn er in unsere Schule kommt. Er weiß, daß der Direktor keinen Spaß versteht. Dabei war der Gendarmeriekommandant zwar nie in Bungerezza, aber immerhin in Nairobi, der größten Stadt in Ostafrika. Und er hat vielen Weißen die Hand geschüttelt.

Die Hände der Weißen müssen sehr kalt sein. Man hat uns erzählt, daß bei ihnen etwas wie Baumwolle, aber noch viel weicher, vom Himmel fällt und daß es dort kälter ist als im Kühlschrank von Doktor Mukasa und daß man immer zwei *Kabutis,* zwei Mäntel, tragen muß. Sehr interessant ist das alles.

Die Pause ist vorbei, bevor wir es merken. Nun kommen zwei Geographiestunden. Geographie ist unser Lieblingsgegenstand, und Mr. Kawuma, der Geographielehrer, erzählt immer lustige Geschichten. Wir merken uns die Namen der Seen und Berge und Länder ganz leicht, weil sie uns immer an seine Geschichten erinnern. Heute zum Beispiel ist Lake Victoria, der zweitgrößte See auf der Welt, an der Reihe.

„Vor langer, langer Zeit“ – erzählt Master Kawuma – „sagte der Nilfluß zu seiner Mutter, Lake Victoria: *‚Mama, mama, amazi ganuma.‘* (Mama, Mama, ich muß Lulu.)

‚Aber mein Sohn‘, sagte die Mutter, ‚dein *kasolo* ist dir angewachsen, nicht mir. Du kannst Lulu machen, wo du willst.‘

‚Aber, Mama, überall, wo ich hingehe, sind Leute, die mir zusehen!‘

Damals war es nämlich streng verboten, in der Öffentlichkeit zu pinkeln. Und als der Nil anfing, Lulu zu machen, wurde der mächtige Gott Kibuka böse und strafte ihn. Der kleine Nil konnte nicht mehr aufhören, bis sein Bächlein so sehr anschwoll, daß es überfloß in ein Meer, das man das Mittelmeer nennt.“

Die Mittagsglocke läutet. Wir stellen uns in einer ordentlichen Reihe an, sonst gibt es Ärger.

In der Suppe schwimmen wieder einmal nur zwei Bohnen.

Natürlich sind es nicht wirklich zwei Bohnen, aber Maa sagt das immer, wenn meine Schwester Nanono das Abendessen kocht und die Suppe zu wässrig wird. „Sie hat das Wasser nicht richtig gezählt“, sagt Maa. Namudiguli, die dicke Köchin, nimmt die besten gerösteten Bohnen, die Erdnußsauce und anderes Essen heim für ihre eigenen Kinder. Über ihre Tochter Kyotonalya, die in die oberste Klasse geht, sagen die anderen Schüler, daß sie nichts im Kopf hat als das *Mawalu* in der Küche. Und wenn Kyotonalya mit dem Bus fahren will, sagen sie, müssen alle anderen Passagiere aussteigen und anschieben. Aber wenn ihre Mutter Namudiguli selbst im Bus sitzt, dann müßte man einen Kran vom Straßenbauamt ausborgen, um ihn in Bewegung zu setzen.

Die Schule ist aus. Alle, die zu spät gekommen sind oder sonst etwas angestellt haben, gehen an ihre Strafarbeiten, während die anderen heimrennen.

Ich muß mit einem langen Messer Gras schneiden. Sonst machen wir das meist am Samstagmorgen, während die älteren Schüler die viereinhalb Meter hohe Hecke um das Schulhaus stutzen.

Die Schule besteht aus drei langen Gebäuden. Wenn einer von uns etwas an die hellen Wände schreibt oder zeichnet, dann hat er nichts zu lachen. Zuerst faßt er eine Tracht Prügel, und dann wird er für ein paar Tage „zum Auskühlen“ von der Schule verwiesen.

Hinter der Schule liegt der Schulgarten. Dort lernen alle Schüler der vierten, fünften und sechsten Klassen, wie man Gemüse anbaut, vor allem Mais, Kohl, Tomaten und so weiter.

Ich renne den anderen nach.

Sie sind sicher noch nicht weit. Auf dem Heimweg spielen wir fast immer noch Verstecken oder eine Art Fußball mit einem selbstgemachten, harten Ball aus Bananenblättern. Wir spielen selten direkt neben der Straße, da verjagen uns die Männer, deren Kaffeegärten an die Straße grenzen; sie drohen uns auch, sie werden Masarubu rufen, und der kommt dann mit seinem Bagger und frißt uns auf.

Masarubu ist der Fahrer, der jeden Monat ein- oder zweimal mit der Straßenbaumaschine kommt, um die Straße zu reparieren. Die Maschine ist wirklich häßlich. Sie sieht so düster aus und unheimlich. Es heißt, sie hätte einmal einen Mann in Stücke gerissen; gefressen aber hat sie ihn nicht.

Meine Kameraden sind nirgends zu sehen. Vielleicht sind sie ein Stück auf den Kyawatuba-Berg hinaufgegangen, an dessen Fuß die Schule liegt.

Ich erinnere mich genau an den Samstagnachmittag, als mein großer Bruder Sam uns auf den Kyawatuba führte. Wir plagten uns sehr, weil der Weg so steil war und so schlüpfrig. Manchmal blieb uns ein Grasbüschel in den Händen, an dem wir uns gerade festhielten, und wir kamen ins Rutschen. Aber die Aussicht von oben war wunderbar. Ringsum war alles grün. Nur die Dächer ragten aus einem Wald von Bananenblättern und Teestauden.

In der Ferne, wo die Unendlichkeit begann, sah man Hügel, die waren leuchtend blau; und wenn die Augen die Ebene näherholten, wurde das dunkle Grün heller. Hier und dort ragten Hügel aus der Ebene auf, wo Matoke und Kaffee gepflanzt wurden, aber auch Baumwolle, Kassava, Erdnüsse und Gemüse. Plötzlich fragte Nakanyike, unsere jüngste Schwester, nach unserem Haus, ob es denn verschwunden sei. Sie hatte große Angst, weil sie es nicht sehen konnte. Aber dann fanden wir es doch, unter den Bananenblättern versteckt. Menschen sahen wir nur in Kyengera Township, und die waren so klein wie Grillen. Selbst Nakanyike hätte sie zwischen zwei Fingerspitzen halten können. Die Hauptstraße und die Nebenstraßen schienen wie hellbraune Linien, auf denen Autos und Lastwagen dahinkrochen.

Mein Schulweg beträgt ungefähr zwei Kilometer. Ich komme an Dr. Mukasas Haus vorbei, das ist riesig, mit einem Ziegeldach, mit Glasfenstern und Glastüren und mit einem unterirdischen Wassertank. Es hat auch elektrisches Licht und einen Stacheldrahtzaun rund um den Garten.

Wir alle beneiden die Mukasa-Kinder. Bis auf das Jüngste haben sie alle Fahrräder und gehen in Internatsschulen, wo sie sogar in der Volksschule von *Bazungus* unterrichtet werden. Manchmal schauen wir hinein, wenn die Familie am Nachmittag Tee trinkt und dazu Kuchen ißt. Das gibt es bei uns anderen kaum, höchstens zu ganz besonderen Gelegenheiten.

Aber Dr. Mukasa ist nicht der einzige „dickbäuchige Mann" in unserem Dorf, wie wir zu den Reichen sagen. Da gibt es auch noch den Kanakulya, der früher Bezirkskommissar war und jetzt Farmer ist. Der hat sogar einen eigenen Traktor, einen Lastwagen und drei Autos.

Er hat auch viele Kühe, und unser Mulalo, unser Hirte, der im Kanakulya-Gehöft ein und aus geht, wann und so viel er will, und seine Freunde, die Hirten Kanakulyas, besucht, Mulalo also erzählt uns, daß Kanakulya seine Kühe nicht einmal zählen kann. Es sind Kühe mit kurzen Hörnern oder gar keinen Hörnern, und sie fressen Spezialfutter und nicht bloß Gras wie unsere. Mulala nennt sie

„importanti“ Rinder. Sam lacht immer darüber, weil sie natürlich nicht „importanti“, das heißt wichtig, sondern „imported“, also aus dem Ausland eingeführt sind.

Die Kanakulya-Kinder baden in Milch und bemalen die Wände mit roter Marmelade. Sagt Mulalo.

Die essen wohl auch nie *Mawoluus* wie wir. Sicher nicht. Sie kochen ihr Essen in englischen Druckkochtöpfen, nicht mit Bananenblättern zugedeckt. Aber das Essen schmeckt bei ihnen lange nicht so gut wie bei uns zu Hause; es fehlt das Aroma.

Wenn Kigozi, einer der Kanakulya-Söhne, zu uns auf Besuch kommt, schnuppert er immer, aber einladen läßt er sich nicht, da kann Maa sagen, was sie will.

Daheim höre ich schon Tellergeklapper. Die anderen Kinder sind also beim Essen. Maa hat immer Essen für uns bereit, weil sie überzeugt ist, daß das Schulessen nicht so gut und nicht so gesund ist wie das, das sie für uns kocht.

Das ist einer der Gründe, warum ich mich so sicher fühle, wenn ich nach Hause komme. Obwohl Maa so streng ist und uns nichts durchgehen läßt. Sie sagt, wir probieren immer, „ob der Boden rutschig ist“, da dürfen wir uns nicht wundern, wenn wir auf dem Hintern landen. Manchmal sagt sie, sie muß streng sein, weil Tataa ja die ganze Woche nicht da ist; er arbeitet in Kampala, in der Hauptstadt, im Landwirtschaftsministerium. Meist kommt er am Freitagabend nach Hause. Aber manchmal muß er in der Stadt bleiben.

Ich gehe ins Haus. Das Haus hat vier Schlafzimmer, eines für die Eltern, das wir nicht betreten dürfen, zwei für die Kinder und eines für Gäste. Außerdem gibt es ein Wohnzimmer und ein Eßzimmer und eine Speisekammer, wo Salz, Zucker und Geschirr aufbewahrt werden. Die Küche nennt Sam „Maas Palast“. Nicht einmal er hockt abends, wenn es draußen kalt ist, beim Feuer. Maa würde ihn ja doch wegjagen oder eine besondere Art Holz auf das Feuer legen, die schrecklich raucht und einem Tränen in die Augen treibt.

Es gibt sechs Feuerstellen auf einer erhöhten Plattform, die *Masigas* heißen. Das ist eine neue Idee, die Tataa aus der Stadt heimgebracht hat, und soll viel gesünder sein. Die *Masigas* sind aus Ton oder aus großen Steinen gebaut, der Kochtopf kommt obenauf, und darunter wird ein Feuer angemacht.

In dieser Küche hat jedes Ding seinen Platz. Über dem Feuer hängen zum Beispiel Basttaschen mit getrockneten Bohnen, mit *Enswa,* das sind Ameisen, mit getrockneten Pilzen und verschiedenen Gewürzen. Sie hängen über dem Feuer, nicht nur, weil der Rauch so darüberstreichen kann, sondern auch, weil die Ratten hier keine Möglichkeit haben, an Köstlichkeiten wie Enswa heranzukommen.

Maa sorgt dafür, daß der Boden regelmäßig gefegt wird, zumindestens nach dem Abendessen.

Wir können uns alle noch sehr gut an den Tag erinnern, als meine Schwester Nanono dachte, Maa würde nicht in die Küche kommen, weil sie eine schwere Grippe hatte. Nanono setzte sich also hin und schälte Bananen, ohne die Küche gefegt zu haben – und plötzlich stand Maa in der Tür und blockierte den Ausgang.

Nanono bekam Schläge, die sie nie vergessen wird.

Maa sagt ja überhaupt, daß ein Mädchen, das auf Bäume klettert, nicht für die Hausarbeit taugen kann. Und Nanono ist das einzige Mädchen im Dorf, das ohne jede Angst auf die Mangobäume oder auf die Guavabäume klettert, wenn die Früchte reif sind. Außerdem spielt sie Fußball, wenn wir sie mitspielen lassen. Maa meint deshalb, daß sie leichtfertig ist und daß nie eine richtige Frau aus ihr werden wird.

Abends ist Maa oft „außer Dienst", wie Sam sagt, und besucht ihre Freundinnen oder geht in den Nähklub im Gemeinschaftshaus. Dann hocken wir in ihrer Küche beim Feuer. Aber wenn man nicht genau aufpaßt und sie einen erwischt, dann gibt es Schläge, und dazu wird man auch noch von Sam ausgelacht.

Nach dem Essen müssen wir den Hof kehren oder Wasser aus dem Bohrloch holen, während die Mädchen abwechselnd beim Kochen und Abwaschen helfen müssen.

Tataas Anwesen ist nicht sehr groß. Die eine Hälfte ist mit Kaffee bepflanzt, die andere Hälfte heißt *Lusuku,* dort wachsen verschiedene Arten von Bananen: *matoke, indizi, boyoyu* und *kisubi,* auch Gemüse, Erdnüsse und so weiter. Der Garten ist Mutters Stolz. Einige Felder liegen immer brach und werden erst wieder in der nächsten Saatzeit bepflanzt. Zur Straße hin stehen meist die Kaffeebäume – wir haben über hundert –, denn wenn zum Beispiel der Mais an der Straße wäre, dann würden sich gewisse Leute selbst bedienen, bevor Maa auch nur einen einzigen Kolben geerntet hätte.

Gegen Abend nimmt Sam mich nach Kyengera mit.

Kyengera ist ein Markt, keine große Stadt; aber es gibt mehrere Geschäfte, eine Apotheke, drei Bars, das Gemeinschaftshaus und den *Gombolola* Fußballplatz, wo wir oft gegen auswärtige Teams spielen.

Abends ist viel los in Kyengera. Die meisten Männer sitzen gern nach der schweren Arbeit über einem Krug Hirse- oder Maisbier. Alle sind fröhlich, und aus Namundus First-Class-Bar dröhnt sogar die allerneueste Musik aus der Stadt.

In einer anderen Bar tanzt Tereza zur Musik einer kleinen Trommel, und die Männer klatschen und jubeln ihr zu.

„Oh, die hat Federn und gute Stoßdämpfer!" schreit einer.

Alle werfen Münzen in die Dose, wenn Tereza ihren Hintern wackeln läßt.

Tereza hat wirklich Glück, denke ich. Sie muß nur tanzen, und schon bekommt sie Geld, soviel sie will. Die Dose ist fast voll. Ich träume vor mich hin, was ich mir alles kaufen würde . . .

„Kalenzi gwe? Okalaki wano kusana eno?"

Seburato, der Besitzer, fragt mich, was ich um diese Zeit hier verloren habe.

„Sirinaa . . . nichts . . ." Ich bringe kaum ein Wort heraus.

Seburato duldet es nicht, daß man vor seiner Bar herumlungert. Und Leute, die umsonst zugucken wollen, die kann er schon gar nicht leiden. Ich höre seine Peitsche zischen . . .

Ich renne los, wie eine Gazelle, die sich aus einer Schlinge gerissen hat.

Auf der Hauptstraße schlägt mein Herz fast wie Father Pierres *Pikipike,* wenn er den Motor anläßt. Sam ist nirgends zu sehen. Ich laufe weiter. Es ist dunkel, man sieht fast nichts mehr, nur dort, wo aus den Geschäften und Häusern Licht auf die Straße fällt.

Was ist, wenn Tataa schon zu Hause ist?

Mein Atem pfeift. Ich renne quer durch den Garten. Irgend etwas zerkratzt mir die Beine. Knapp vor der Küche halte ich an und schleiche ganz leise weiter. Es fällt mir gleich auf, daß keines von den kleinen Geschwistern quietscht und schreit. Um diese Zeit werden sie gebadet, und wenn sie dabei keinen Krach machen, dann kann das nur eines heißen: daß Tataa da ist.

Ich klopfe an Jajas Tür.

Niemand antwortet.

Lucy steht plötzlich da und mustert mich von der Seite.

Ich schleiche lautlos ins Speisezimmer, öffne langsam die Tür. Ich kann kaum schlucken vor Angst. Jaja tut, als ob sie mich nicht sieht. Tataa blickt mich an und öffnet den Mund, aber in diesem Augenblick fragt ihn Jaja, wann er denn nun die neuen Kühe kaufen will und für welche Rasse er sich entschieden hat. Er muß ihr antworten und ist bald tief in ein Gespräch verstrickt, und ich bin wieder einmal gerettet.

Das ganze Haus duftet. Maa setzt ihren Stolz darein, Tataa am Freitag mit einem besonders guten Essen zu empfangen. Es gibt Erdnüsse in Bananenblättern gekocht, Süßkartoffelpüree mit Bohnen, Kassawawurzeln, grünes Gemüse, gerösteten Mais und sogar Leber, die hat Tataa aus Kampala mitgebracht.

Es ist wie ein großes Fest. Tataa läßt sich Zeit mit dem Essen. Ein breites Lächeln geht über sein ganzes Gesicht. Er sieht jeden von uns an, einen nach dem anderen, und ich glaube, er ist stolz darauf, daß er so viele Kinder und so viele Verwandte hat und daß sie alle rund um seinen Tisch sitzen.

Vor mehr als hundert Jahren schrieb die Engländerin Mary Kingsley, die weite Reisen in Afrika unternommen hatte:

Die britische Kolonialgeschichte erinnert an die Geschichte von der Elefantenkuh, die über die Steppe trampelte. Dabei trat sie versehentlich auf ein Rebhuhn und tötete es. Als sie in der Nähe das Nest mit den nackten Jungen entdeckte, vergoß sie eine dicke Träne und rief: „Auch ich bin eine Mutter! Auch ich fühle wie eine Mutter." Und sie setzte sich auf die Jungen.

LIBERIA

Lofin

Lofin stand sehr früh auf. Die Sonne schien schon über der Hütte, aber der rote Staub auf der Dorfstraße war noch kühl. Jetzt war die beste Zeit, auf das Feld zu gehen.

Lofin nahm eine Hacke und ein Buschmesser und machte sich auf den Weg. Sein Feld lag eine halbe Stunde entfernt im Busch. Der Pfad war schmal zwischen den großen Bäumen. Lofin stieg über Wurzeln und kleine Rinnsale. Er dachte an seinen Sohn in der Stadt. Der war um diese Zeit auch schon unterwegs, auf einer harten Straße voller Autos, und Lichter sagten ihm, wann er gehen durfte und wann nicht. Lofin sandte seinem Sohn einen guten Gedanken. Während er auf dem Feld arbeitete, lernte sein Sohn in einem großen Haus, wie man mit Maschinen umgeht. Lofin hatte ihn nicht dorthin geschickt, der Sohn hatte selber in die Stadt ziehen wollen.

Drei Stunden lang arbeitete Lofin auf dem Feld. Er hatte ein Stück Busch für eine neue Reispflanzung gerodet. Gemeinsam mit Freunden hatte er die Baumriesen gefällt und die Wurzelstrünke ausgegraben. Jetzt hackte er die Erde auf. Die Asche der verbrannten Wurzelstrünke würde sie düngen.

Die Sonne stieg. Der Schweiß rann Lofin über Nacken und Rücken. Dieses neue Feld würde Kindern und Enkeln Nahrung bringen. Zur Reisernte wollte er sechs Trommler einladen. Zum Dröhnen der Trommeln arbeitet der Mensch heiter und freudig. Es war weise von den Ahnen, Trommler zur Arbeit zu bestellen. Lofin ehrte die Ahnen, indem er ihre Weisheit seinen Söhnen weitergab.

Der Buschwald war dunstiggrün, als er ins Dorf zurückging. In den Termitenbauten am Rand des Pfades raschelte und knackte es. Lofin machte einen Umweg. Er trat vor die Gräber seiner Ahnen, Hügel von roter Erde zwischen dem Unterholz. Lofin löste die kleine Kalebasse von seinem Gürtel und goß ein paar Tropfen Palmwein über den ersten Hügel. Er legte seine Hand auf die rote Erde.

„Seid gegrüßt“, sagte er. „Ich habe euren Feldern ein neues hinzugefügt. Segnet es für eure Söhne und Enkel.“

Er nahm drei Kolanüsse aus seiner Tasche, teilte sie mit dem Messer und wog die Hälften in der Hand.

„Euer Kind Baua, mein ältester Sohn, lernt in der Stadt. Wir haben lange Zeit nichts von ihm gehört. Wir sorgen uns um ihn.“

Er warf die Nußhälften in die Höhe und beobachtete, wie sie auf den Grabhügel fielen. Drei lagen mit der glatten Seite nach oben, drei mit der runden Seite. Lofin seufzte.

Er warf sie noch einmal. Vier Nüsse lagen mit der glatten Seite nach oben, zwei mit der runden.

Lofin warf sie ein drittes Mal. Die Nüsse fielen und lagen mit der glatten Seite nach oben. Lofin bückte sich und sammelte die Nüsse auf.

Als er in die Hütte zurückkam, hatte seine Frau schon Wasser gewärmt. Sie trug es in einem hohen Krug zum Badehäuschen. Er ging hinter ihr her.

„Unserem Sohn in der Stadt geht es gut", sagte er.

Sein erstes Geld

Als Dee, Lofins Enkel, sein erstes Geld verdiente, war er sieben Jahre alt. An den schulfreien Nachmittagen sammelte er Brennholz im Wald, bündelte es und verschnürte die Bündel mit Stricken aus Pflanzenfasern. Er knotete die Bündel an einen langen Ast und schleppte und zerrte sie hinter sich her in die Stadt. Das erste Bündel verkaufte er vor der Schule an seinen Lehrer, die anderen an die Frauen der Minenarbeiter. Er steckte das Geld in einen Lederbeutel, der an seinem Hals hing. Dort bewahrte er seine Taufmedaille und ein kleines Knochenamulett auf, das ihn vor Krankheit bewahren sollte. Hier bei diesen heiligen Dingen war sein erstes selbstverdientes Geld gut aufgehoben.

Während der Schulwoche schlief er in der Stadt bei einer Familie, der er nichts von seinem Schatz verriet. Am Ende der Schulwoche lief er die Dreistundenstrecke in sein heimatliches Dorf in zwei und einer halben Stunde. Als er über den Marktplatz rannte, sah er, daß der Händler unter dem Schattenbaum seine Waren ausgebreitet hatte. Dees Herz klopfte, und sein Atem kam in Stößen. Vor den Hütten seiner Familie spielten seine kleinen Brüder und Schwestern. Er winkte ihnen zu, dann trat er in die Hütte seines Großvaters. Er grüßte und wartete, daß Lofin ihn ansprach.

„Angst und Freude machen schnelle Beine", sagte Lofin freundlich.

„Freude!" sagte Dee und öffnete den Beutel an seinem Hals. „Schau, Großvater, mein erstes Geld."

Lofin schnalzte anerkennend.

„Geh mit mir zum Händler", bat Dee.

Lofin stand auf und begleitete seinen Enkel auf den Marktplatz. Es wurde schon Abend. Der Himmel hinter dem Wald im Westen färbte sich rot. Aus den Büschen am Dorfrand lachte der Kookaburravogel. Das schien Dee ein gutes Zeichen.

„Schnell", sagte er zu Lofin.

Aber Lofin blieb stehen und legte Dee die Hand auf die Schulter.

„Warte", sagte er.

Der Händler unter dem Schattenbaum goß aus einer blauen Teekanne Wasser über seine Hände und Füße. Er rollte seinen Teppich aus und bereitete sich zum abendlichen Gebet.

„Aber er hat noch nicht angefangen zu beten", flüsterte Dee. „Wir könnten noch schnell –"

„Nein", sagte Lofin. „Denn bevor er zu seinem Gott spricht, sammelt er seine Gedanken auf ihn, und das ist so, als würde er schon beten. Wir müssen warten."

Dee umklammerte sein Geld, daß es warm wurde in seiner Faust. Aber er wartete still, bis der Mohammedaner seine Gebete vollendet hatte. Dann ging er mit dem Großvater zu ihm hin.

Der Händler begann, seine Waren zu loben.

Dee sah alles genau an.

Die schönen Messer blitzten im roten Abendlicht.

Die Bleistifte lagen mit scharfen Spitzen da, wie die Speere der Krieger in alten Zeiten. Die Ledergürtel rollten sich wie Schlangen ein, und ihre Schnallen schimmerten.

Dee hatte noch kein eigenes Taschenmesser, keinen Gürtel und nur einen einzigen Bleistift für die Schule.

Aber er schüttelte den Kopf. Er zeigte sein Geld und sagte: „Erdnüsse, bitte, so viele ich dafür haben kann."

Der Händler füllte zwei braune Säckchen voll.

Dee drückte sie an seine Brust. Jetzt erst merkte er, wie müde er war. Langsam ging er hinter dem Großvater zu den Hütten seiner Familie. Die Frauen waren von der Farm ins Dorf zurückgekommen. Sie standen vor den Mörsern und stampften die Maniokknollen für das Abendessen. Dee begrüßte seine Mutter und die beiden jüngeren Mütter, die Großmutter, den Onkel und alle Kinder. Jeder formte seine Hände zu einer Schale, und Dee schüttete seine Erdnüsse hinein.

Sie lachten und bedankten sich und ließen sich erzählen, wie er das Geld für die Erdnüsse verdient hatte.

Sie sagten: „Dee ist noch klein, aber er fängt schon an, sich einen guten Namen zu machen."

Lofin sagte nichts. Er saß vor seiner Hütte, hatte die Pfeife neben sich auf die Erde gelegt und steckte eine Nuß in den Mund. Er kaute sie lange und andächtig.

Ein Lied für den Verlorenen Sohn

Dee ging zu seinem Großvater Lofin.

„Großvater, ich brauche ein Lied."

„Mach dir eins", sagte Lofin.

„Die Worte mach' ich selber, die Worte schon", sagte Dee. „Aber ich hätte gern eine starke alte Musik dazu, zum Singen und Trommeln."

Lofin schaute seinen Enkel an.

„Wofür brauchst du das Lied?"

„Für die Schule", sagte Dee. „Wir haben eine Geschichte gehört, die Geschichte vom Verlorenen Sohn. Es ist eine Geschichte, die Jesus erzählt hat. Wir haben ein Theaterstück daraus gemacht. Wir wollen es aufführen. Aber wir brauchen noch ein Lied dazu. – Soll ich dir die Geschichte erzählen?"

Lofin nickte.

Dee erzählte: „Da war einmal ein Vater mit vielen Söhnen, die haben miteinander ihre Felder bebaut. Aber dem jüngsten Sohn war die Arbeit auf der Farm zu langweilig. – Hier im Busch halte ich's nicht mehr aus, hat er zum Vater gesagt. Ich gehe in die Stadt, dort verdiene ich viel Geld und werde ein großer Mann. – Der Vater war traurig, aber der Sohn hat sich den Plan nicht ausreden lassen. Gib mir für den Anfang ein bißchen Geld, hat er zum Vater gesagt. Damit ich anständig aussehe, wenn ich in die Stadt komme."

„Ja", sagte Lofin. „Ich weiß, was der Sohn gesagt hat: Du kannst mich doch nicht so arm in die Stadt ziehen lassen. Das wäre eine Schande für die ganze Familie. Ich brauche Schuhe und ein Hemd, und ich muß mir auch etwas zu essen kaufen."

„Kennst du die Geschichte?" fragte Dee.

„Nein", sagte Lofin. „Aber das sagen die Söhne, wenn sie fortziehen."

Dee erzählte weiter: „Der Vater hat einen Teil der Reisernte verkauft und dem Sohn das Geld gegeben. Der Sohn ist in die Stadt gezogen. Die Stadt hat ihm sehr gut gefallen, die Kinos und die Geschäfte und die Mädchen in den schönen Kleidern. Er hat gleich viele Freunde gefunden, die hat er zum Essen eingeladen, und sie waren sehr nett zu ihm. Sie haben ihm beigebracht, wie man Karten spielt, und er hat gespielt und gespielt und sein ganzes Geld verspielt. Da ist er gegangen und hat Arbeit gesucht. Er hat aber keine bekommen."

„War er bei den Minen?" fragte Lofin.

„Ja", sagte Dee. „Und auf der Gummiplantage von Firestone. Aber niemand hat ihm Arbeit gegeben."

Lofin wiegte den Kopf.

„Was hat er da gemacht?"

„Gebettelt hat er", sagte Dee. „Und versucht, Essen zu stehlen, aber dabei hat ihn die Polizei erwischt und verprügelt."

„So eine Schande für die ganze Familie!" rief Lofin.

„Daheim haben sie nichts davon gewußt", sagte Dee. „Sie haben geglaubt, er ist schon ein großer Mann."

„Und weiter?" fragte Lofin.

„Der Sohn hat an zu Hause gedacht. Dem ärmsten Mann, den mein Vater für die Reisernte anstellt und der gar nicht zu unserer Familie gehört, geht es besser als mir! Ich will heimgehen. Ich will meinem Vater sagen: Ich habe Schande über euch alle gebracht. Du mußt nicht tun, als wäre ich dein Sohn. Ich verdiene das nicht. Aber stell mich als Arbeiter für die Reisernte an und gib mir am Abend eine Schale voll Hirsebrei."

„In Wirklichkeit gehen die Verlorenen Söhne nicht nach Hause zurück", sagte Lofin. „Sie schämen sich zu sehr."

„Er hat sich geschämt, aber er ist zurückgekehrt", sagte Dee. „Der Vater hat ihn kommen sehen. Der Sohn war müde vom weiten Weg und schmutzig und schwach vor Hunger. Der Vater ist ihm entgegengelaufen. Mein liebes Kind! hat er zu ihm gesagt. – Nein, hat der Sohn gesagt, ich kann nicht mehr dein Kind sein, nach allem was war. Aber du bist auch zu fremden Menschen gut und gibst ihnen Arbeit und Essen auf deiner Farm. Sei zu mir wie zu einem fremden Armen. – Doch der Vater hat den Sohn umarmt und ist mit ihm zu seinen Hütten gegangen. Er hat die Frauen gerufen: Schnell, macht ihm Badewasser warm! Legt ein schönes Kleid bereit! Kocht einen großen Topf voll Reis! Ich will eine Kuh schlachten, es soll ein großes Fest werden, denn mein Sohn ist nicht verlorengegangen, er ist wieder bei uns! – Da sind die Brüder von der Arbeit auf dem Feld gekommen und haben den jüngsten Bruder gesehen und gesagt: Was, der Nichtsnutz ist wieder da, und ein Kuhfest wird für ihn gefeiert? Da tun wir aber nicht mit bei diesem Fest! – Und sie sind draußen vor dem Dorf gesessen und waren sehr böse. Der Vater ist zu ihnen hinausgegangen und hat sie gebeten: Kommt doch zum Fest! Es ist ein großes Glück für die Familie, daß dieser Sohn wieder da ist. Er war tot für uns, aber jetzt ist er wieder lebendig. Seid freundlich zu ihm und macht ihm das Heimkommen nicht schwer. – Da sind die Brüder nach Hause gegangen und haben zu dem Jüngsten gesagt: Na, da bist du ja wieder! Gehst du morgen aufs Feld mit uns? – Ja, hat der Verlorene Sohn gesagt, wenn ihr mich mitnehmt ... Da haben sie die Trommeln geholt und zu singen und tanzen begonnen ... Und siehst du, Großvater, dafür brauchen wir ein Lied!"

Lofin saß da, er starrte zu den Mangobäumen hinüber, aber er sah keine Bäume. Er sah weit, weit in die Stadt hinüber, die hinter dem Buschwald lag.

„Dieses Spiel werdet ihr aufführen?" fragte er endlich.

„Ja", sagte Dee. „In der Schule, vor vielen Leuten."

„Das ist gut", sagte Lofin. „Vielleicht sind auch Verlorene Söhne unter den Zuschauern. Sie sollen Mut bekommen."

Lofin trommelte mit den Fingerspitzen auf seinen Knien.

„Ich kenne ein altes Lied", sagte er. „Aus alten Zeiten. Damals haben die Helden unseres Volkes eigene Mutsänger gehabt. Der Mutsänger hat den Helden auf Schritt und Tritt begleitet und ihm Mut zugesungen. So ein Lied ist gut für den Verlorenen Sohn. Denn er braucht Mut, wenn er zurückkommt, und seine Brüder und sein Vater brauchen Mut, daß sie ihn aufnehmen und nicht auf das Reden und Spotten der Dorfleute hören."

Lofin holte die kleine Trommel aus seiner Hütte.

„Komm, Dee, setz dich zu mir! Du sollst das Mutlied lernen!"

ELFENBEINKÜSTE

Funas Baby

Im Nachbardorf waren zwei Menschen an der Schlafkrankheit gestorben, ein alter Mann und ein Kind. Und nun meldeten die Trommeln: Ein großes Auto würde kommen, darin ein Arzt und seine Helfer. Sie führten allerlei Geräte mit sich, vor allem einen weißen Kasten, in dem es kalt war. In dem Kasten war die Medizin, die – so sagten die Trommeln – allen Leuten eingespritzt würde . . .

Die Großmutter murmelte, sie ließe sich nichts spritzen und auch sonst nichts aus kalten, weißen Kästen einfüllen. Sie habe ihre eigene Art, sich die Krankheit vom Leibe zu halten. Alle wußten, was sie meinte: die uralte Art, in der die Ahnen mit den Geistern verkehrt hatten. Auch Murugi wußte, daß die Großmutter viele Stunden an den Gräbern der Ahnen verbrachte und sich mit ihnen beriet. Auch daß sie abends, wenn die Sonne sank, zum Zauberbaum schlich und kleine, in Bananenfasern gewickelte Gaben in die Zweige hängte, um die Geister freundlich zu stimmen.

Es gab noch mehr Leute im Dorf, jüngere als die Großmutter, die sich nicht untersuchen und behandeln lassen wollten. Aber der Häuptling Tschibanda Mukara war ein Mann der neuen Zeit; er sagte, es geschehe zum Nutzen aller, niemand dürfe sich ausschließen.

„Auch Funa nicht?" fragte Murugi die Mutter.

„Ich weiß es nicht."

„Und wenn es dem Kind schadet?" fragte Murugi. „Es ist ja noch nicht einmal fertig, es wächst ja noch in Funas Bauch."

Murugis ältere Schwester Funa war sechzehn, seit fast einem Jahr verheiratet. Sie war schmal und zartgliedrig, nur ihr Bauch wurde jeden Tag größer und schwerer.

Das große Auto kam erst Tage später. Ein junger Doktor, eine junge Krankenschwester und zwei junge Arzthelfer stiegen aus. Ihre weißen Kittel stachen grell von der dunklen Haut ab. Tschibanda Mukara begrüßte sie und befahl den Trommlern, die Leute von den Feldern zu rufen. Das ganze Dorf fand sich im Versammlungshaus ein. Die Frauen hatten die kleinen Kinder im Tragtuch auf dem Rücken. Alle setzten sich beklommen auf die Matten am Boden und warteten. Auch Murugi war beklommen. Sie hockte zwischen Funa und ihrem jüngeren Bruder Gatimu.

„Meine Freunde!“ begann der junge Doktor. „Ihr alle wißt, was gemeint ist, wenn ich das Wort ‚Schlafkrankheit‘ sage . . .“

Natürlich wußten sie das. Auch Kinder wie Gatimu, und erst recht fast-nicht-mehr-Kinder wie Murigi, die schon zwölf war und nächstes Jahr um diese Zeit vielleicht schon verheiratet sein würde. Schlafkranke hatten sie schon mehrfach gesehen. Den alten Mann aus dem Nachbardorf zum Beispiel, der teilnahmslos vor sich hindämmerte, mit glasigen Augen im eingesunkenen Gesicht. Eine Spinne war über sein Gesicht gekrochen, ohne daß er sie bemerkte. Er war dürr gewesen, Haut und Knochen, und alle wußten, daß er sterben mußte und daß es keine Hilfe gab.

Wenn es einmal soweit war, dann gebe es tatsächlich keine Hilfe mehr, sagte der Doktor. Aber wenn man die Krankheit rechtzeitig erkannte, dann konnte man etwas dagegen tun. Deshalb würden er und seine Helfer jetzt jedem hier im Versammlungshaus einen Tropfen Blut abnehmen und das Blut unter einem Vergrößerungsapparat anschauen, ob die Krankheit schon drin sei im Blut. Alle würden eine Spritze bekommen, ob ihr Blut gesund sei oder krank. Zur Verhütung, sagte er.

Murugi fand das alles schwer zu verstehen. Sie stand in der langen Reihe der Wartenden, vor ihr Gatimu, hinter ihr Funa.

Der Doktor saß über den Apparat gebeugt und schien zufrieden mit dem, was er dort sah.

Gatimus Blut war gesund. Er bekam seine Spritze und trollte sich. Auch Murugis Blut war gesund. Sie zuckte ein wenig zusammen, als die Nadel ihr in die Haut fuhr, aber da Gatimu nicht geweint hatte, durfte sie es auch nicht.

Jetzt war Funa an der Reihe.

Der Doktor sah lange in den Apparat, länger als bei den anderen. Er drehte an der Schraube, er rief einen der Helfer herbei und ließ ihn Funas Blut anschauen.

Murugi bekam Angst. Der Doktor legte Funa die Hand auf die Schulter. „Ist das dein erstes Kind?“

„Ja.“

„Hast du in letzter Zeit kein Kopfweh gehabt? Kein Fieber?“

Funa sah ihn furchtsam an. „Ich weiß nicht. Bin ich krank? Muß ich sterben?“

Er beruhigte sie. Vom Sterben sei keine Rede. In ihrem Blut sei nur ein winziges bißchen Krankheit, mit dem sie leicht fertig würden. Das versprach er ihr.

„Und mein Kind?“ fragte sie.

„Auch dein Kind wird nicht sterben. Aber weil ihr beide, du und dein Kind, dasselbe Blut habt, könnte es sein, daß sich dein Kind an dem winzigen bißchen Krankheit angesteckt hat. Verstehst du? Deshalb mußt du schon eine Woche vor der Geburt zu uns in die Krankenstation kommen, damit wir dein Kind sofort behandeln können, falls es notwendig sein sollte, verstehst du?“

Funa nickte benommen.

Ob sie es wirklich versteht? dachte Murugi. Sie selbst verstand es jedenfalls nicht.

Funas Ehemann arbeitete in der Stadt und kam nur alle paar Monate zu Besuch. Er war nicht dabei, als die Familien, seine und Funas Eltern und Großeltern, das Ereignis lang und breit besprachen. Nur die Großmutter verhielt sich still, und Murugi sah, wie sie gegen Abend in Richtung des Zauberbaumes murmelnd davonschlich. Sie kam erst zurück, als schon der Mond aufging.

Am nächsten Morgen hatte die Mutter einen Entschluß gefaßt. Sie hätte Funa gerne begleitet, um bei ihr zu sein, wenn das Kind kam. Aber sie konnte nicht so lange von zu Hause fortbleiben, acht Tage vor der Geburt, acht Tage nach der Geburt ...

„Warum denn nachher auch noch?" fuhr die Großmutter dazwischen. „Wozu muß sie denn in dieser Krankenstation herumliegen, wenn das Kind da ist? Neue Sitten! Kinderkriegen ist keine Krankheit. Wir haben unsere Neugeborenen gewaschen und sind aufs Feld gegangen wie jeden Tag. Und das war gut so."

Sie ging ärgerlich zu den Ziegen hinüber, und die Mutter wartete, bis sie außer Hörweite war.

„Ich glaube nicht, daß es gut war", sagte sie. „Es kann nicht schaden, wenn Funa sich ein paar Tage ausruht – danach. Sie ist zart, und das Kind verspricht, groß und schwer zu werden."

Funa lächelte stolz. Zum ersten Mal, seit der Arzt mit ihr gesprochen hatte. Sie wollte gerne ein großes schweres Kind haben.

„Murugi!" sagte die Mutter. „Ich habe beschlossen, daß du es bist, die Funa in die Stadt begleitet und bei ihr bleibt, wenn es soweit ist. Du wirst für sie kochen und für sie sorgen. Du bist alt genug."

Auch Murugi lächelte stolz.

Früh am Morgen brachen sie auf. Vor Sonnenaufgang war es noch kühl, und man kam am besten voran. Später würde es heiß werden, und der Weg war weit. Die Großmutter kam aus ihrer Hütte und hängte ein Amulett an Funas Gürtel: eine kleine, flache Puppe, aus Holz geschnitzt und bunt bemalt. Sie sollte Funa und ihr Kind beschützen.

Murugi trug einen Korb auf dem Kopf mit einem Säckchen Hirse, ein paar Handvoll Maismehl, Bohnen, Erdnüsse. Sie trug auch den Kochtopf und die Eßschalen und die große Kalebasse mit Trinkwasser. Gatimu trug die drei zusammengerollten Schlafmatten auf dem Kopf. Er begleitete die Schwestern und sollte als Bote dienen: Sobald das Kind glücklich da war, würde er heimlaufen und die Nachricht überbringen.

Funa trug nichts. Sie ging schwerfällig hinter den zwei anderen her, und je heißer es wurde, um so langsamer wurde ihr Schritt. Der Weg führte durch Grasland und Buschland, die ausgedörrt in der Sonne lagen. Ab und zu ein Baum auf dem roten, sandigen Boden. Sie mußten immer wieder ausruhen. Die Stunden der Hitze wollten kein Ende nehmen. Wie betäubt gingen sie unter der unbarmherzig glühenden Sonne weiter.

Erst am Nachmittag ließ die Hitze nach, und sie hätten schneller gehen können, aber Funa war zu erschöpft. Erst am späten Abend kamen sie in die Stadt und ließen sich den Weg zur Krankenstation zeigen. Durch eine Palmenallee gingen sie auf das niedrige, weiße Haus zu und standen schüchtern an der Tür, bis eine Krankenschwester sie einließ. Funa wurde untersucht, kam wieder heraus, und sie breiteten draußen unter dem Palmblätterdach ihre Matten aus, wo die Begleiter der Kranken lagerten. Ganze Familien hielten sich hier auf, schliefen, kochten, aßen, schwatzten und warteten, daß ihr Kranker wieder gesund wurde.

Die drei Geschwister fühlten sich zum Umfallen müde und waren dankbar, als ihnen eine dicke, mütterliche Frau eine Schale Maisbrei anbot, so daß Murugi nicht mehr zu kochen brauchte. Die Frau setzte sich zu ihnen, wollte wissen, woher sie kamen, fragte nach Eltern und Großeltern, fragte, wie groß ihre Felder waren, was sie anbauten, wieviele Rinder und Ziegen sie hatten. Sie legte ihre Hand auf Funas Bauch und sagte: „In fünf Tagen hast du dein Kind. Es wird groß und stark sein."

Sie schliefen lange am nächsten Morgen, obwohl es laut zuging unter dem Palmblätterdach. Vor der Krankenstation war im Schatten zweier Bäume ein kleiner Markt. Bäuerinnen boten Gemüse und Obst an, und Murugi wählte sorgfältig eine Ananas und eine Papaya, wie die Mutter es ihr aufgetragen hatte. Zum Hirsebrei kochte sie eine Sauce aus gestampften Erdnüssen und sorgte dafür, daß Funa die größte Portion bekam. Auch von den Früchten bekam sie mehr als Gatimu und Murugi.

Die mütterliche Frau blieb ihre Beschützerin. Sie hatte viele Söhne und Töchter und kannte sich aus mit dem Kinderkriegen. Sie führte lange Gespräche mit Funa und machte ihr Mut. Als am Morgen des fünften Tages die Wehen einsetzten, klatschte sie in die Hände und lachte so breit über ihr ganzes rundes Gesicht, daß auch Funa lachte, während sie sie in die Station hineinführte.

Murugi hatte gehofft, daß sie mit hinein dürfe. Sie hatte der Mutter versprochen, die Schwester nicht allein zu lassen und die ganze Zeit bei ihr zu bleiben. Aber das war nicht erlaubt.

Murugi setzte sich unter das Fenster, hinter dem Funa ihr Kind bekam. Die Stunden vergingen. Murugi rührte sich nicht von der Stelle. Sie hörte Funa stöhnen und jammern, sie hörte die tröstende Stimme des Arztes. Die mütterliche Freundin kam, leistete Murugi Gesellschaft, legte den Arm um sie, wiegte sich hin und her und sang. Andere Frauen kamen dazu, sangen mit, sangen lauter, als Funa zu schreien anfing.

Die Sonne rückte über den Himmel, flammte rot und verschwand. Funas Schreie wurden höher und kamen öfter. Murugi rührte sich nicht von der Stelle. Der Schweiß lief ihr von der Stirn. Die mütterliche Frau brachte ihr Hirsebrei, aber Murugi konnte nicht essen. Sie horchte auf Funas Schreie. Die Frau nickte und sagte: „Nun ist es bald da, nun sieht man schon den Kopf, nun werden wir bald wissen, ob es ein Sohn ist oder eine Tochter."

Die Nacht ging vorbei und die Sterne verblaßten, als Funa endlich zu schreien aufhörte und das winzige Weinen eines Neugeborenen zu hören war. Murugi legte den Kopf auf die Knie und weinte. Es dauerte eine Weile, bis die Krankenschwester herauskam und sich zu ihr hinunterbeugte:

„Das Kind ist da. Ein Sohn. Er ist gesund und schön. Leg dich schlafen. Deiner Schwester geht es gut."

Murugi stand auf. Sie taumelte vor Müdigkeit. Ihre Glieder waren steif und schmerzten vom langen Sitzen.

„Er hat keine Krankheit im Blut?"

„Nein. Er ist ganz in Ordnung."

„Ist er groß und stark?"

„Groß und stark. Geh schlafen, Murugi. Bald ist es Morgen."

Murugi ging leise unter das Palmendach und weckte Gatimu.

„Funa hat einen Sohn! Er ist groß und gesund und stark und schön. Lauf heim, so schnell du kannst, und sag es allen."

Als Murugi noch am selben Tag zu Funa hineindurfte und sie mit dem Baby glücklich im Bett liegen sah, dachte sie, daß es ein bißchen auch ihr Baby war. Sie hatte es mit bekommen, Tag und Nacht da draußen unter dem Fenster. Funa aß von den Früchten, die Murugi ihr brachte, sie aß eine große Schale Maisbrei. Murugi sah, daß die Brüste der jungen Frau im Nebenbett voll Milch waren. Morgen, dachte sie, ist es bei Funa auch soweit.

Nach sechs Tagen kam Gatimu zurück, und hinter ihm kam eine Schar singender, lärmender, trommelnder, jubelnder Frauen aus dem Dorf, die Mutter unter ihnen. Sie kamen, um Funa und ihr Kind nach Hause zu geleiten.

Das war ein stolzer Augenblick, als Funa mit dem Sohn vor die Tür trat. Alle umringten sie, berührten sie und das Kind und lobten laut, wie groß und schön und stark es war.

Die Nacht verbrachten sie unter dem Palmblätterdach, und am nächsten Morgen machten sie sich auf den Heimweg. Singend, trommelnd, lärmend zogen sie durch die Palmenallee. Gatimu lief voraus, Funa folgte mit dem Kind, und hinter ihr kamen die Frauen.

Was nicht in unseren Zeitungen stand:

Kinder in der Dritten Welt. *Bonn, 12. 1. 1979 (tap) – Nach einem statistischen Bericht der Weltbank wird sich die Zahl der Kinder in den ärmsten 37 Entwicklungsländern bis zum Jahr 2000 auf 580 Millionen verdoppeln, die Zahl der Kinder in der Dritten Welt insgesamt wird von 1,07 Milliarden im Jahre 1975 auf 1,8 Milliarden im Jahr 2000 ansteigen.*

Die Kindersterblichkeitsrate bleibt in den ärmsten Ländern hoch. 1970 betrug sie in Afrika 108, in Lateinamerika 54 und in Asien 41, während in den USA 24 und in Europa 20 Kinder von 1000 im ersten Jahr nach ihrer Geburt sterben.

Nach dem selben Bericht besuchen 60 Prozent dieser ärmsten Kinder eine Grundschule, und nur 10 Prozent können eine Mittelschule besuchen.

TOGO

Tsevie, ein Dorf in der Nähe der Hauptstadt Lome

Heute kommt Moses!

Hippolyt ärgerte sich wieder einmal über das Schaf mit den schwarzen Strümpfen. Wenn alle anderen in der Pferch blieben, so mußte dieses eine über den Zaun springen und die jungen Kaffeepflanzen anknabbern. Der Großvater hatte sie erst vor kurzem gesetzt und hatte lang genug darüber geschimpft, wie teuer sie waren.

Hippolyt hetzte hinter dem Schaf her. Jedesmal, wenn er meinte, jetzt könnte er es fassen, machte es einen Satz in eine unerwartete Richtung. Hippolyt landete zweimal auf dem Bauch. Schließlich erwischte er das Schaf am Schwanz. Es blökte laut. Hippolyt trieb es in die Pferch zurück.

Der Vater stand am Brunnen und pumpte. Sein nackter Rücken glänzte vor Schweiß. Samstag und Sonntag hier auf der Farm bei den Großeltern war der Vater ganz anders als die Woche über in der Stadt. Dort fuhr er jeden Morgen ins Gerichtshaus, im dunklen Anzug und mit Krawatte. Einmal hatte Hippolyt den Vater im Gerichtshaus besucht. Der Vater hatte einen langen, schwarzen Talar getragen und so feierlich ausgesehen, daß Hippolyt es kaum gewagt hatte, ihn anzureden. So feierlich sah er sonst nur aus, wenn er betete, oder wenn er am Abend beim Tisch saß und in der Bibel las.

Eigentlich war Wasserholen ja Frauenarbeit. Aber der Vater tat sie, wenn er hier auf der Farm war, weil der Brunnen so tief und das Pumpen so schwer war. Es lachte auch niemand darüber, daß der Vater Frauenarbeit machte. Er tat es, seit Hippolyts Lieblingstante, Tassi Akossiwavi, die Zwillinge verloren hatte. Die waren zu früh auf die Welt gekommen, weil Tassi Akossiwavi sich beim Pumpen überanstrengt hatte. Sie waren gestorben, noch bevor der Tag aus war.

„Da bleibst du!“ sagte Hippolyt streng zu dem schwarzbestrumpften Schaf. Es drehte ihm den Rücken zu.

Der Großvater kam über den Hof.

„Großvater, erzähl mir was!“ bat Hippolyt.

Der Großvater konnte besser Geschichten erzählen als die Lehrerin, besser als der Pfarrer, besser als alle Menschen, die Hippolyt kannte. Jetzt aber schüttelte er den Kopf.

„Heute nicht, Hippo. Heute haben wir zu tun. Am Abend kommt Moses. Wir müssen bereit sein.“

„Moses? Zu uns? Wirklich Moses?“

Hippolyt sah den Großvater sehr genau an. Machte er nur Spaß? Wie damals, als er gesagt hatte: Wir fahren zum Himmel. Und dann waren sie ins Nachbardorf gefahren. Der Großvater schmunzelte nicht, er zwinkerte nicht, er nickte ernst. Die Sonne schien durch seine grauen Haare.

„Der aus dem Körbchen?“ fragte Hippolyt. „Der, den die Pharaonentochter aus dem Nil gefischt hat?“

„Der das auserwählte Volk durch das Rote Meer geführt hat und durch die Wüste“, sagte der Großvater. „Und jetzt müssen wir den Hof kehren.“

Hippolyt las Zweige, Steinchen, Hühnerfedern, Blätter, abgenagte Knochen und die Reste einer zerfransten Palmmatte auf. Dann begann er zu kehren. Er kehrte gewissenhafter als sonst. Mit Sand, dachte er, kennt sich Moses bestimmt aus. Nach der langen Zeit in der Wüste. Und Moses war streng. Bestimmt noch strenger als der Vater. Hippolyt fuhr mit dem Besen in die Ecke. Immer, wenn er meinte, fertig zu sein, fand er noch einen Zweig, noch eine Feder. Als er endlich so weit war, kam der Hund und scharrte sich eine Kuhle in den frisch gefegten Sand. Hippolyt hatte gute Lust, ihn wegzujagen. Aber der Hund war sein Freund. Und alt war er auch. Seufzend rückte er hin und her, bis ihm der Platz behagte. Dann legte er den Kopf auf die Pfoten.

Der Großvater schritt langsam zwischen den Kaffeebäumen auf und ab. „Was da wieder gewachsen ist“, sagte er. Er rupfte büschelweise das harte, borstige Gras aus, das den jungen Bäumen das Wasser wegnahm.

„Die Setzlinge verdursten. Die gehen uns noch ein.“

„Aber . . .“

Der Großvater blickte Hippolyt erstaunt an. Hippolyt schluckte, dann setzte er nochmals an:

„Aber . . . wenn Moses kommt . . . stört ihn denn das Gras? Soll ich nicht zuerst . . .“

„Nein“, sagte der Großvater. „Vierzig Jahre hat er sein Volk geführt. Männer und Frauen und Kinder und Schafe und Ziegen und Kamele. Überlege doch, wieviel Ärger du mit dem einen Schwarzstrumpfschaf hast. Und erst ein ganzes Volk! Wenn Moses nicht alles gesehen und alles gemerkt hätte, auch die kleinste Kleinigkeit, dann wären sie heute noch in der Wüste!“

Hippolyt nickte. Er wollte ja Ordnung machen, nicht nur im Hof, auch im Haus. Wo sollte Moses überhaupt schlafen? Welche Decke sollte er bekommen?

Zu dumm, daß Hippolyts Schuluniform zu Hause in der Stadt im Schrank hing. Die war viel feierlicher für einen so hohen Besuch als das bunte Hemd und die kurzen Hosen.

Der Großvater prüfte die Kalebassen, die an den Palmen hingen. Fast alle waren halb voll, eine war sogar ganz gefüllt mit Saft. Der Großvater nahm sie ab.

„Das wird der Palmwein für Moses“, sagte er. „Das ist der beste, den wir haben.“

Hippolyt fragte: „Trinkt Moses Wein? Er war doch so streng . . . und so böse über das goldene Kalb!“

„Kalb ist Kalb und Palmwein ist Palmwein“, sagte der Großvater.

Hippolyt hätte noch mehr Fragen gehabt: Würde Moses am Ende auch die ägyptischen Plagen mitbringen, die Frösche und die Stechmücken, das Ungeziefer und die Viehpest, den Hagel und die Heuschrecken? Oder gar die Finsternis und den Tod der Erstgeburt? Es lebten ja Leute im Dorf, die von der Bibel nichts wissen wollten. Waren die wie die Ägypter für Moses? Hippolyt dachte hin und her, immer mehr Fragen tauchten auf und bedrängten ihn.

Er beschloß, sich von der Großmutter bunte Wollfäden zu holen und sie den Schafen ins Fell zu flechten. Das würde hübsch aussehen, und Moses, der so lange mit den Herden gezogen war, würde es sicher bemerken.

Aus allen Hütten stieg Rauch auf. Die Sonne ging unter, und sofort war der Wald schwarz. Hippolyt hatte plötzlich Angst. In dem schwarzen Wald gab es Geister. Das sagten alle. Nur der Großvater und der Vater sagten: Es gibt keine Geister. Aber Hippolyt konnte das nur bei Tag glauben. Sobald es finster wurde, war er nicht so sicher.

Er rannte zur Hütte der Großeltern, stolperte über die Schwelle, riß Tasse Akossiwavi fast um, als er sich an ihr festhielt.

„Na-na-na", murmelte sie und strich ihm übers Haar.

Aus der Küche roch es nach brutzelnden Zwiebeln. Sicher kochte die Großmutter Dessi. Hippolyt merkte, daß er sehr hungrig war. Moses sollte sich doch, bitte, beeilen.

Jetzt erst fiel ihm auf, daß Tassi Akossiwavi ihr gewöhnliches Kleid anhatte, das sie den ganzen Tag lang bei der Arbeit trug. Nicht ihr schönes mit dem rot-gelben Muster.

„Was ist?" fragte sie. „Warum siehst du mich so an?"

Wußte sie es denn nicht?

Die Mutter kam herein. Auch sie trug ein gewöhnliches Kleid, und flocht Bastzöpfe. Feiner Blattstaub rieselte auf den sauber gefegten Boden. Tassi Akossiwavis kleine Töchter kamen gelaufen, stießen einander an, verschwanden in der Küche, schleckten, als sie ins Zimmer traten, die Finger ab, und die Großmutter schimpfte hinter ihnen her.

Alles wie an einem gewöhnlichen Tag.

Der Großvater und der Vater waren noch nicht im Haus.

Vielleicht warteten sie draußen auf Moses, vielleicht waren sie ihm entgegengegangen.

Hippolyt wanderte in die Küche.

Im großen Kessel dampfte Akoume aus gelbem Mais. Im anderen aber kochte kein Rindfleisch mit Tomaten und Zwiebeln, kein Dessi. Bloß Gemüse wie alle Tage!

Die Großmutter streute Salz in den Kessel.

Wenn Moses wirklich käme, hätte sie Dessi gekocht. Wie sie es immer tat, wenn ein Fest war. Und wie erst für Moses! Dem hätte sie das feinste Dessi gekocht, und er hätte das größte Stück Fleisch bekommen.

Hippolyt rannte hinaus. Er stampfte auf und ab. Er stampfte sich die Wut aus dem Bauch. Sand spritzte über den ganzen Hof.

Dann setzte er sich mit dem Rücken gegen die Hauswand und blickte hinüber zu den anderen Hütten. Eine Fledermaus warf einen riesigen Schatten quer über das Stück Himmel zwischen der Bananenstaude und der ersten Palme.

Wenn Moses wirklich gekommen wäre, dachte Hippolyt, hätten sie dann auch fortziehen müssen? Vierzig Jahre lang durch die Wüste?

Er wollte nicht weg von hier.

Und wo war das Gelobte Land überhaupt?

Hippolyt bohrte seine Zehen tief in den Sand.

Von mir aus braucht er gar nicht zu kommen, dachte er.

Als die Großmutter zum Essen rief, sprang er auf und ging ins Haus.

Der Großvater zwinkerte ihm zu und flüsterte: „Vielleicht morgen."

Hippolyt zuckte mit den Schultern.

Die Großmutter häufte ihm einen großen Löffel Akoume auf den Teller.

KENYA

„Hakuna kazi“

Seit zwei Wochen war er in der Stadt.

Diese zwei Wochen schienen ihm so lang wie sein ganzes Leben davor. Und doch war er ein Fremder hier, und er zweifelte nicht, daß er ein Fremder bleiben würde. Die himmelhohen Häuser aus Stein, von denen er nachts träumte, daß sie über ihm zusammenfielen und ihn unter sich begruben; die Meute der Autos, die auf ihn losstürzten und hinter ihm herjagten; die vielen namenlosen Menschen, die auf namenlosen Straßen vorüberhasteten und verächtlich die Köpfe wegdrehten, wenn sie ihn überhaupt bemerkten. Er hatte nicht gewußt, daß die Stadt so verwirrend war, so gleichgültig und grausam. Niemand hatte ihn gewarnt.

Er hätte sich auch nicht warnen lassen – erwartungsfroh, wie er gewesen war, so ganz und gar besessen von der Idee, in der Stadt sein Glück zu machen. Um nichts in der Welt hatte er zu Hause bleiben wollen, in dem kleinen Dorf, und auf den Feldern arbeiten mit den anderen, die nicht in die Schule gegangen waren wie er. Er, Muga, Sohn des Mataami. Zwölf Jahre lang hatte der Vater das Schulgeld aufgebracht, und nun hatte Muga sein Abschlußzeugnis mit zwei „Sehr gut“ – in Geographie und Physik. Er würde einen guten Job finden in der Stadt, ein Angestellter sein oder sogar ein Beamter. Er würde Geld verdienen, viel Geld, genug, um regelmäßig einen Teil davon nach Hause zu schicken; und eines Tages würde er zu Besuch fahren und allen Geschenke mitbringen, und alle würden ihn fragen und ihm zuhören . . .

Muga kauerte am Straßenrand und starrte in den Hinterhof des Supermarktes. Auf der Rückseite stand eine Tür halboffen, durch die von Zeit zu Zeit ein Mann herauskam, um Berge von Abfällen in die Mülltonnen zu kippen. Kisten mit verdorbenen Früchten, Kisten mit faulem Gemüse, Schachteln mit vertrocknetem Gebäck und verschimmeltem Brot. Die Mülltonnen quollen über. Große Haufen stinkender Lebensmittel türmten sich im Hof, umschwirrt von Fliegen.

Muga wartete, bis der Mann wieder im Haus verschwand. Der Hof lag still und leer, nur ein paar magere Hunde schnüffelten an den Abfällen. Keine Konkurrenz für Muga. Vor Hunden fürchtete er sich nicht, nur vor Menschen. Er rannte in den Hof, blickte wachsam nach rechts und links, packte einen Karton. Schon im Davonlaufen griff er sich eine Handvoll glitschiger Orangen aus der Mülltonne und rannte zurück. Im Schatten einer Mauer lief er durch eine Seitenstraße und bog in eine ungepflasterte Gasse. In dem Karton klapperte es dumpf. Muga öffnete den Deckel. Steinharte Keks kollerten ihm entgegen, vermengt mit Bröseln grauer Schokolade; dazwischen klebten pappweiche Waffeln mit schmieriger Füllung. Ein übler Geruch, süßlich und ranzig, stieg Muga in die Nase. Sein leerer Magen rebellierte, ein Würgen drückte ihm den Hals zu. Seit er von den Abfällen des Supermarktes lebte, mußte er jedesmal diese Übelkeit niederkämpfen, bevor er aß. Er schnitt die verfaulte Hälfte einer Orange ab und schabte mit seinem Taschenmesser den graugrünen Schimmel von der anderen Hälfte. Er bog den Kopf zurück, schüttete eine Handvoll Schachtelinhalt in den offenen Mund und preßte den Orangensaft dazu. Das Gemisch war gar nicht so schlecht. Er hatte schon Ärgeres heruntergebracht.

Ein zerlumpter Bettler latschte vorbei, blieb stehen, betrachtete den kauenden Muga und latschte weiter. Er trug alte, zerrissene Schuhe, die ehemals schwarz gewesen waren. Also nicht Mugas Schuhe, die ihm jemand in der vierten Nacht von den Füßen gestohlen hatte. Mugas Schuhe waren braun gewesen.

Sein Vater hatte sie ihm zum Abschied geschenkt. „Du wirst sie brauchen, mein Sohn“, hatte er gesagt. „Ein Beamter geht nicht barfuß. Ein Beamter trägt ein weißes Hemd, er trägt einen Anzug, eine Krawatte und Schuhe. Später, mein Sohn, wirst du dir das alles kaufen von deinem selbstverdienten Geld.“

In jener vierten Nacht war Muga sehr müde gewesen und hatte sehr fest geschlafen. Drei Tage lang war er straßauf, straßab von einem Büro ins andere gelaufen, hatte überall gefragt und überall die gleiche Antwort bekommen: „*Hakuna kazi!*“ Keine freie Stelle.

Am ersten Tag hatten sie ihm im Supermarkt eine Stelle angeboten. Er könne, sagten sie, Kisten abladen helfen.

Aber dazu war er nicht in die Schule gegangen.

Überall hatte er seinen Spruch aufgesagt: „Zwölf Jahre Schule, Abschlußzeugnis, zwei ‚Sehr gut‘, in Geographie und in Physik . . .“

Sie winkten ab, wenn er damit anfing. „Wen interessiert das schon . . .“

Muga suchte weiter.

Er ging zum Supermarkt zurück. Die Stelle war längst besetzt.

Er fragte, ob keiner einen Laufburschen brauchte, einen Fensterputzer, einen sonstwas.

„*Hakuna kazi.*“

Vor lauter Verzweiflung wurde er kühn und drang in einem Restaurant bis zu dem überraschten Geschäftsführer vor.

„Was suchst du hier?“ fragte der Mann.

Muga sagte seinen Spruch.

Der Mann lachte ihm ins Gesicht. „Hast du Küchenpraxis? Mit Geographie kocht man nicht. Auch nicht mit Physik. Wir brauchen Leute mit praktischer Erfahrung.“

Muga wollte sagen: Versuchen Sie es mit mir, lieber Herr. Ich bin nicht dumm. Ich bin anstellig. Ich werde alles lernen, was Sie wollen. Ich kann auch fegen und Geschirr spülen und Holz hacken. Wenn ich nur Arbeit bekomme . . .

„Kannst du lesen?" fragte der Geschäftsführer.

Muga schöpfte Hoffnung.

„Lesen und schreiben und rechnen", stammelte er.

„Du lügst. Lesen kannst du jedenfalls nicht, sonst stündest du nicht hier."

Der Mann drückte auf einen Knopf, in der Tür erschien ein baumlanger Mensch, packte Muga am Arm und stieß ihn vor sich her die Treppe hinunter. Der Mann öffnete die Haustür und zeigte auf ein kleines Schild, das dort hing: HAKUNA KAZI. Dann beförderte er Muga mit einem Tritt auf die Straße.

Seit jener vierten Nacht, seit Muga keine Schuhe mehr hatte, wagte er sich nicht mehr in die Hauptstraßen. Er zog sich in die Seitengassen und Hinterhöfe zurück. Wenn ein Polizist auftauchte, versteckte er sich.

Nachts lag er auf einem zerrissenen Sack und deckte sich mit alten Zeitungen zu. Er zitterte vor Kälte.

Oft dachte er an zu Hause, an die Eltern, die auf einen Brief warteten, in dem stand, daß er, Muga, Sohn des Mataami, einen guten Posten gefunden hatte.

Sie würden den Brief niemals bekommen. Sie würden sich fragen, was mit ihm geschehen war, und vielleicht würden sie den ältesten Bruder in die Stadt schicken, um ihn zu suchen. Aber die Stadt war groß; der Bruder würde ihn nicht finden. Und wenn er ihn fand, so würde er Muga nicht erkennen – verkommen, verhungert, nach Abfällen stinkend wie er war.

„Ich muß alles vergessen", dachte Muga. „Mein Dorf, meine Familie, die Brüder und Schwestern, die Freunde, die Schule mit ihrer verdammten Geographie und ihrem verdammten ‚Sehr gut'. Wenn ich Glück habe, dann vergesse ich, daß ich Muga bin."

Immer wieder überlegte er, ob er ein Dieb werden sollte.

In den Straßen gab es viele Burschen seinesgleichen, die die Leute anrempelten und ihnen dabei die Geldbörsen stahlen. Sie entrissen den Frauen die Handtaschen und rannten damit fort und tauchten irgendwo unter. Früher oder später wurden sie erwischt und kamen ins Gefängnis. Ob das Gefängnis schlimmer war als das Leben hier draußen zwischen den Mülltonnen?

Eines Abends kauerte Muga in einem Mauerwinkel und döste zwischen Schlaf und Wachen vor sich hin. Er hatte die Arme um seine angezogenen Knie geschlungen, um sich möglichst klein zu machen und möglichst viel Wärme zu haben.

Jemand stieß ihn an.

„Hunger?" Ein Halbwüchsiger beugte sich zu ihm herunter. Er holte eine Banane aus der Tasche eines Kleidungsstückes, das früher ein Jackett gewesen sein mochte.

Die Banane war groß und fest und reif.

Muga aß. Noch nie hatte ihm eine Banane so gut geschmeckt.

„Wo hast du sie her? Geklaut?"

„Gefunden. Zwischen Dreck und faulem Obst in der Mülltonne. Sie schmeißen vieles weg, was noch gut ist. – Wo schläfst du heute nacht?"

Muga zuckte die Schultern. „Hier. Oder irgendwo."

„Die Nächte sind kalt", sagte der andere.

Muga nickte. Er hätte gern geantwortet, aber er wußte nicht, was. Dabei hatte er Angst, der andere könnte fortgehen – und es tat so gut, daß endlich ein Mensch mit ihm redete.

„Komm mit", sagte der andere.

Muga stand auf. Seine Zähne schlugen aufeinander.

„Wohin gehen wir?"

„In unser Erste-Klasse-Hotel. Ich heiße Okot. Und du?"

„Muga."

Ein riesiger Lastwagen ratterte vorbei. Er gehörte zur städtischen Müllabfuhr, die jeden Abend die Tonnen leerte und Berge von Abfällen zu der großen Schutthalde am Stadtrand brachte.

Okot und Muga drückten sich an die Mauer und warteten, bis der Lastwagen weiterrumpelte. Ein paar Schritte weiter versteckten sie sich kurz in einem dunklen Durchgang, weil ein Polizist die Runde machte.

Dann liefen sie weiter, kamen in einen großen Hof mit leeren Mülltonnen.

Okot stieg in die erste hinein. Muga stieg ihm nach. Sie zogen den Deckel zu.

Es stank betäubend nach verdorbenem Gemüse und Fisch. Sie saßen aneinandergedrückt. Okot legte den Arm um Mugas Schulter.

„Ist es hier nicht besser als auf der Straße?" fragte er.

„Ja", sagte Muga. „Wärmer und besser."

NIGERIEN

Okongtokong

Grundsteinlegung

Die alte Fokker Friendship F 28 der Nigeria Airways zieht eine sanfte Schleife über den großen Kwa-Fluß. Von meinem Fenster aus erkenne ich die Mangrovensümpfe an den Ufern. Aus dem Dschungelgrün erheben sich einzelne helle Kronen gewaltiger Urwaldbäume.

Ein Signal leuchtet auf. Bitte anschnallen!

Unser Pilot setzt zur Landung an. Der internationale Flughafen von Calabar ist die neueste Errungenschaft des Bundesstaates. Beim Aussteigen bemerke ich, daß ich der einzige Weiße unter den Ankommenden bin, aber ich fühle mich weder fremd noch unbehaglich. Nigeria ist ein Land uralter Händlertradition. Ausländer bedeuten Kontakte und Wohlstand.

Mehrere Freunde haben mir ihre Fahrer geschickt, um mich zur Grundsteinlegung des neuen Werkes abzuholen. Sunday verlädt mein Gepäck, Asuguo mich selber in seinen Wagen. In einem Ölland ist der Treibstoff billig . . .

Afrikaner lieben Feste. Eine Grundsteinlegung ist ein großes Fest, das Trommeln und viele Reden verlangt. Afrikaner sind zumeist auch herrliche Redner. Allein schon deshalb wird eine Grundsteinlegung zum Genuß.

Für dieses neue Werk hat unser europäisches Team gemeinsam mit unseren afrikanischen Kollegen die Vorarbeiten geleistet. Es ist auch ein bißchen unsere Grundsteinlegung . . .

Chief Akpan, Häuptling des Ortes und seit eh und je wortreicher Verfechter des neuen Unternehmens, wird Generaldirektor sein. Er erhebt sich von seinem Ehrensitz, blickt in die Runde. Fehlt ein wichtiger Gast? Nein, es sind alle da: der Gouverneur in seiner steifgebügelten Uniform, die Direktoren, die Häuptlinge, Beamte, Bürger und Ehrengäste. Akpan gibt ein Zeichen. Trommeln murmeln. Die Spannung der Zuschauer steigt. Jetzt setzen die sprechenden Trommeln ein: „Ndogho-gho-gho mbuh – buoh".

In seinem wallenden Häuptlingskleid schreitet Akpan in die Mitte des Platzes, wo ein Betonsockel vorbereitet ist. In würdevoller Behäbigkeit umkreist Akpan den Sockel, den Häuptlingsstab aus geschnitztem Ebenholz in der linken Hand, eine Maurerkelle voll Mörtel in der rechten Hand. Applaus. Die Trommeln dröhnen. Akpan streicht den Mörtel auf den Sockel. Der Gouverneur, der den

Grundstein setzt, erhält etwas weniger Applaus. Nie kann eine Uniform so wirken wie eine schöne alte Häuptlingstracht. Die Musiker beginnen zu spielen. Ich mag die romantische Musik des Efik-Volkes. Ich mag die berühmten Lieder von Inyang Hensaw und Hubert Ogundè. Ich mag die Trommeln. Ich mag nicht daran denken, daß hier auf diesem Platz bald andere Töne zu hören sein werden. Abbaumaschinen, Bohrhämmer, dröhnende Mühlen, quietschende Kräne eines Bergbaubetriebes.

„Mister Frenzel!"

Ich blicke auf.

„Offiong!"

Offiong, der älteste Sohn des Häuptlings von Okongtokong! Vor neun Jahren habe ich ihn zum ersten Mal gesehen, in der grünen Wildnis des Regenwaldes. Und dann zum letzten Mal vor zwei Jahren in Europa, wo Offiong sich durch alle Abteilungen einer modernen Industrieanlage durchgearbeitet hat. Damals im Dschungel trug er ein zerfetztes Hemd und ein Lendentuch. In Europa trug er Blue jeans und fröhliche T-Shirts.

Heute trägt Offiong einen Sommeranzug aus silbergrauer Seide, dazu ein weißes Hemd mit hohem Kragen und eine breite stahlblaue Krawatte. Lachend stürzen wir uns in die nigerianische Begrüßungszeremonie. Freudenrufe, Händeklatschen, Fingereinhaken, Schulterklopfen, Umarmungen, Lachen, Lachen, Lachen. Offiongs Lachen ist herzlich und ungezwungen wie immer.

„Mister Frenzel, was machen Sie nach dem Fest?"

„Ich habe noch nichts vor."

„Fein, dann schlage ich vor: Rundfahrt durch Calabar, Pepperchicken bei mir zu Hause, meine Frauen kochen das ganz ausgezeichnet, und zum Abschluß gemütlicher Abend mit unheimlichen Geschichten."

Ich sage sofort zu. Ich habe Offiongs unheimliche Geschichten immer gemocht:

Wie der böse Waldelephant die Jäger in den Sumpf lockte.

Wie die Ahnenmaske im Buschdorf mit den Zähnen geklappert hat.

Wie in Duke Town der Sklavenhandel blühte.

Wie der schlammige Calabar-Fluß wieder Opfer verlangt hat, und wie die Sandbank vor Creek Town für immer versank, nachdem eine ganze Schulklasse samt Lehrer und Landesteg im trüben Wasser verschwunden war. Und wie die Fischer in ihren Einbäumen seither wieder voll Zuversicht zu der Papageieninsel hinüberfahren.

Wie die Schlingpflanzen über die zwei verrosteten Hubschrauber von Essien Town wuchern, Erinnerungen an den Bürgerkrieg . . .

Offiong ist ein guter Geschichtenerzähler. Wenn er meine Begeisterung merkt, antwortet er stets: „Da sollten Sie erst die Alten erzählen hören!"

Offiong zeigt mir seinen neuen Wagen, einen in Nigerien erzeugten Peugeot, und läßt mich einsteigen. Stolz fährt er über die neue Stadtautobahn. Er zeigt mir das neue Stadion, ein paar neue Bankgebäude in prunkendem Weiß, die Hochbauten der Ministerien.

„Und hier", sagt Offiong und deutet auf eine Baustelle, „entsteht unser Stadttheater."

Am Zoo vorbei fahren wir nach Housing Estate, einem neuen Stadtviertel, das polnische Architekten geplant haben. Hier wohnt Offiong. „Großartig", sage ich.

Offiong lacht. Er hat ein einstöckiges Haus mit Garage, Garten und Dienerhäuschen. Ich starre das Dienerhäuschen an. Es ist sauber verputzt und leuchtet orange in der Abendsonne.

„Statt des Strohdaches haben wir Wellblech und statt des Lehmes Betonsteine genommen", erklärt mir Offiong. „Aber sonst erinnert es Sie gewiß an das Haus meines Vaters, nicht wahr?"

Ich nicke stumm. Wie soll ich mich nicht an das Lehmhäuschen des Häuptlings von Okongtokong neben dem schönen Lemonenbaum erinnern?

„Für die Diener genügt das Häuschen", sagt Offiong. „Ich habe Efik-Diener, die sind die besten." Die Efik sind Offiongs eigener Stamm.

Er führt mich in sein Haus, breitet herzlich die Arme aus

„Das alles verdanke ich auch Ihnen", sagt er. „Sie haben mich aus dem Busch herausgeholt."

Das Haus ist vollklimatisiert.

Ich fröstle ein wenig.

Offiong stellt mir seine Frauen vor. Sie sind alle drei hübsch, die jüngste erwartet ein Kind. Freundlich servieren sie uns ein scharf gewürztes Pfefferhuhn.

Nach dem Essen murmelt Offiong ein paar entschuldigende Worte. Zu Hause fühle er sich gern ungezwungen, sagt er. Er geht und zieht sich um. Bald sitzt er mir im Lendentuch gegenüber. Wir trinken Bier und Whisky.

„Damals, die Fledermäuse, erinnern Sie sich noch?" fragt Offiong.

Ich erinnere mich an die Fledermäuse. Ich erinnere mich an alles ganz genau. Neun Jahre ist es her . . .

Wir waren auf dem Weg nach Etankpini. Esu, der nigerianische Geologe in unserem Team, Alexander, unser ungarischer Vermesser, und ich.

Ich höre noch, wie Esu sagt: „Bis jetzt stimmt der Weg. Kakaopflanzungen . . . vorbei an der Palmschnapsbrennerei – links halten, jetzt soll der Bananenhain von Bakoko kommen . . . jawohl – und jetzt durch den Bach, er ist seicht – drüben wird der Weg morastig."

Unser einheimischer Fahrer lenkt den Landrover durch den Bach.

„Vorsicht", sage ich. „Nicht so scharf aufs Gaspedal treten."

Wir bleiben im Lehm stecken. Ich steige aus. Der Landrover ist rotbraun vom feinen Lateritstaub. Wir laden die geologische Ausrüstung ab.

„Hoffentlich haben die Trommeln funktioniert", sagt Alexander.

„Die funktionieren immer", meint Esu. „Das ist das einzige, worauf man sich im Busch verlassen kann."

Wir haben unsere Expedition bei den zuständigen Häuptlingen angemeldet. Das Gebiet, aus dem wir Gesteinsproben holen wollen, liegt im Regenwald am

Fuß der Oban Hills. Unser Lager werden wir in Okongtokong aufschlagen. Nachricht über dieses Unternehmen hat der Häuptling von Okongtokong über die Trommeln erfahren. Von Dorf zu Dorf ist die Trommelbotschaft weitergegeben worden.

Aus dem Buschwald tauchen zwölf kräftige Burschen. Sie haben uns erwartet. „Siehst du, es hat geklappt", sagt Esu.

Der Anführer kommt lachend auf uns zu, stellt sich vor: „Offiong". Erst später erfahren wir, daß er der älteste Sohn des Häuptlings von Okongtokong ist.

Offiong sagt: „You go see Chief, I go take you." Dann streckt er die Hand aus und sagt „Bringam!" Ich gebe ihm ein paar Münzen als Trinkgeld, er ist zufrieden und teilt seine Leute in Träger und Machetenmänner ein.

Wir besprechen unterdessen mit unseren Leuten den Einsatz des Landrovers und den Nachschub an Verpflegung. Dann heben die Träger die Kisten mit unseren Geräten hoch, und die Machetenmänner schwingen die Buschmesser. Das rhythmische Schlagen wird uns von jetzt an immer begleiten.

Zuerst marschieren wir mühsam durch mannshohes Gras, vorbei an den Brettwurzeln der Riesenbäume. Dann stehen wir plötzlich am flachen Sandufer des Erokutflusses. Das Schilf ist voller Vogelrufe. Winzige schwarze Fliegen quälen uns. Der Fluß gleicht einem See oder vielmehr einem Wald, der in einem See wächst.

Offiong dreht sich zu mir um. Er erklärt mir lächelnd, daß in den letzten Jahren kein weißer Mann von hier aus weitergedrungen ist. Dann stößt er einen schrillen Schrei aus. Vom anderen Ufer kommt ein leiser Ruf zurück, und nach kurzem Warten hören wir die Paddelschläge eines Bootes. Schon taucht ein sechs Meter langer Einbaum aus dem Mangrovengestrüpp, ein zweiter, ein dritter. Vorsichtig klettern wir in die Boote. Alexander seufzt. Der Abstand vom Bootsrand zum Wasserspiegel ist nur zwei Finger breit. Auch Esu seufzt. Als Yoruba, der in der Stadt aufgewachsen ist, schätzt er das Leben in der „Wildnis" keineswegs. Ich bemühe mich, still zu sitzen, und starre geradeaus. Aber ich merke doch, daß einer der Burschen ständig Wasser aus unserem Boot schöpft. Mit einer Kokosschale.

Und jetzt kippt Esus Boot um. Er steht im Sumpf, das trübe Wasser reicht bis zum Rucksack mit der teuren Geologenausrüstung. Die Burschen aus dem dritten Boot retten ihn. Mir graut, ich muß an Krokodile denken, und ich versuche, mit aller Konzentration das Gleichgewicht zu halten.

„Gleich drüben", sagt Offiong.

Am anderen Ufer warten schon einige Dorfbewohner auf uns. Sie geleiten uns das letzte Stück durch den Dschungel. Die Männer singen. Ihr Gesang – steigend, fallend, steigend, fallend, Frage und Antwort – übertönt das Summen der Insekten. Im Takt ihres Gesanges hacken die Machetenmänner mit den Buschmessern alles nieder, was uns den Weg versperrt. Hinter unserer Karawane bleibt ein schmaler Pfad zurück, eine enge grüne Schneise. In wenigen Stunden wird sie sich zu schließen beginnen, aus dem Boden werden neue Halme sprießen, nach ein paar Tagen wird unser Weg überwuchert sein. In der Schwüle kommen wir immer langsamer vorwärts: Offiong nimmt Rücksicht auf uns.

Vorne ein Schrei, das Rauschen der Buschmesser verstummt. Ich laufe vor und sehe eine armdicke Schlange. Ihr Kopf liegt auf dem Pfad. Die Schlange wird als Proviant mitgenommen.

Kurz darauf erreichen wir eine Lichtung im Regenwald. Ein Schwarm Graupapageien auf einer Schirmakazie beantwortet unsere Pfiffe.

Drei Kokospalmen, ein schöner Lemonenbaum, fünf strohgedeckte Lehmhütten.

„Okongtokong", sagt Offiong mit einer weiten Bewegung seiner Arme.

Neben dem Lemonenbaum die Chief-Hütte. Sie liegt oberhalb der Flußbiegung. Steile Uferböschungen deuten auf hohen Wasserstand während der Regenzeit. Hinter einem Bananenhain liegt der Badeplatz der Frauen. Wir hören fröhliche Stimmen, Lachen und Plantschen. Vor uns flußaufwärts liegt die Stelle zum Trinkwasserschöpfen. Offiong erklärt uns das mit ein paar Worten.

Jetzt kommt der Häuptling von Okongtokong auf uns zu.

„Mein Vater", sagt Offiong.

Der Häuptling führt uns zum Schattenbaum, der mitten auf dem Dorfplatz steht. Große helle Steine liegen rund um den Baum. Steine! Alexander und ich wollen sie näher betrachten. Aber Esu hält mich zurück. „Man könnte hier Zauber auf sich laden", brummt er.

Der Häuptling murmelt Sprüche ins Geäst hinauf – also doch ein heiliger Baum – und bespritzt uns mit Palmweinsaft. Ich habe das Gefühl, daß er mich und meine Kollegen segnet.

„Was sagt er?" frage ich Esu.

„Die Sprache in diesem Dorf verstehe ich nicht", erklärt Esu.

Offiong tritt wieder zu uns.

„Mein Vater sagt, ich soll euch den Zeltplatz zeigen."

Wir beginnen mit der Errichtung unseres Camps, bauen die Zelte und unsere Küche auf. Die afrikanischen Burschen staunen. Am meisten staunen sie über unsere große Taschenlampe. Sie knipsen sie an – Licht. Aus – finster. Lachend wiederholen sie das Spiel.

Offiong kommt zu mir. Er hält die Taschenlampe hoch und fragt: „Warum?"

Ich öffne die Lampe, nehme die Batterie heraus. Ich knipse – kein Licht. Ich stecke die Batterie hinein. Knipse – Licht.

„Darum, Offiong."

Er nimmt die Batterie heraus und hält sie mir hin. „Warum? Was drin?"

Ich beginne zu erklären. Alexander kommt mir zu Hilfe. Er reißt eine Seite aus seinem Notizbuch und zeichnet und erklärt.

Offiong seufzt. „Ich kenne zu wenig englische Worte! Ich muß lernen."

Die nächsten Tage vergehen mit Routinearbeiten. Wir teilen die Arbeit ein, organisieren den Nachschub, sorgen für die Küche. Offiong bringt uns Fische und Krebse aus dem Fluß. Einmal erlegt er einen Leoparden für uns, den er als „Tiger" vorstellt. Und am dritten Tag bringt er einen Arm voll Fledermäuse.

„Fledermäuse!" schreien wir begeistert.

Offiong freut sich.

„Ich röste sie. Sie schmecken gut."

Wir haben Mühe, ihm zu erklären, daß wir uns nicht auf die Fledermausmahlzeit freuen, sondern auf die Aussicht, die Höhlen zu finden, in denen die Fledermäuse hausen. Offiong ißt die gerösteten Fledermäuse mit seinen Männern.

Er fragt, was wir in den Höhlen wollen.

Ich erkläre ihm, daß wir Steine suchen. Wenn wir die richtigen Steine gefunden haben, wird es hier einen großen Steinbruch geben. Und eine Straße werden wir bauen, um das Gestein zum Werk zu führen. Das Werk werden wir in der Nähe der Stadt bauen, und es wird viel Arbeit für viele Männer geben.

„Ich helfe, die Höhlen finden", sagt Offiong.

Daß es hier Höhlen geben muß, haben wir gehofft.

Durch dieses Gebiet, das vor 60 Millionen Jahren eine Küstenlagune war, läuft ein Streifen von Sedimentgestein. Im Laufe der Jahrtausende wurden die Korallenriffe zerfressen und es entstanden Höhlen. Tropfsteinhöhlen mit Fledermäusen.

Am nächsten Tag führt uns Offiong mit seinen Burschen quer durch den Busch bis zu den Felsausbissen. Wir stehen vor einem Loch und blicken in einen senkrechten Schacht, der von wenigen Sonnenstrahlen von oben ausgeleuchtet wird. Ein schmaler Wasserfall fällt an einer Wand herab.

„Prachtvoll", sagt Esu.

Er meint nicht den Wasserfall. Er meint den Gebirgsaufschluß, der jedem Geologen das Herz im Leibe lachen läßt. „Genau das brauchen wir. Es sieht aus wie ein stark vergrößertes Bohrlochprofil." Esu nimmt Proben.

Die Burschen aus Okongtokong interessieren sich nicht für die Steine, die wir heraufholen. Sie haben nur Augen für die Fledermäuse. Mit Stangen stehen sie oben beim Kaminausgang und schlagen auf die aufgescheuchten Tiere ein. Die Fledermäuse fallen auf den Boden der Höhle, wo sie leicht eingesammelt werden können, 70 Stück an einem Tag. Grund genug, ein Festessen im Dorf zu veranstalten. Mit großem Lagerfeuer und Tänzen mit Trommelbegleitung. Die Babys auf den Rücken ihrer tanzenden Mütter wiegen die Köpfchen hin und her. Offiong tanzt mit. Er zwinkert mir zu. In einer Eßpause setzt er sich zu uns. Er holt ein paar Steine aus der Hosentasche.

„Suchen Sie die?"

„Ja", sage ich.

„Stelle gefunden", sagt Offiong. „Morgen führe ich Sie hin."

Von nun an begleitet er uns bei jeder Versuchsbohrung. Wir zeigen ihm, wie man die Geräte bedient. „Ein brauchbarer Bursche", sagt Alexander.

„Der sollte in die Stadt", sagt Esu. „Der lernt im Nu."

Der Häuptling erscheint jedesmal bei uns, wenn die Träger unseren Proviant bringen.

„Bekomme ich meine Straße?" fragt er. „Bald?"

Wir versprechen ihm, daß er seine Straße bekommen wird. Wir versprechen es guten Gewissens, denn unsere Gesteinsproben sind zufriedenstellend.

Der Häuptling freut sich. Er nimmt ein paar Flaschen Bier und eine Schachtel Malariatabletten entgegen. Am nächsten Nachschubtag wird er wieder nach seiner Straße fragen.

Heute hat Alexander eine gekochte Kaulquappe in seinem Frühstückstee gefunden.

„Lang halt ich's hier nicht mehr aus", sagt er. Wir trösten ihn, daß wir das Wasser aus dem Fluß mindestens zwanzig Minuten abkochen. Aber Alexander grübelt vor sich hin. Er hat ein kleines Taschenbuch über Tropenkrankheiten in seinem Gepäck, das studiert er jeden Abend. Er wird wasserscheu. Er kommt fast um vor Durst, aber er wartet auf die Proviantkisten. Er wäscht sich auch nicht mehr. Er weiß zu viel über Würmer und ihre Folgen.

Unsere Helfer aus dem Dorf bekommen pro Tag drei Münzen. Davon muß jeder eine Münze an den Häuptling abliefern und eine Münze an Offiong. Den Erhalt des Lohnes bestätigt jeder mit seinem Daumenabdruck auf der Lohnliste. Die Burschen sind traurig, als sie merken, daß wir mit unseren Arbeiten fertig sind.

Am traurigsten ist Offiong.

„Ich habe so viel gelernt", sagt er. „Englisch und Maschinen und –"

Seine Handbewegung erfaßt unser Lager, unsere Bücher, uns alle.

„Wir nehmen ihn mit in die Stadt", sagt Alexander plötzlich.

„Hier im Busch verkommt er", sagt Esu. „In der Stadt hat er jede Chance."

Offiong schaut mich an.

„Können Sie mich mitnehmen?"

Wir verhandeln mit seinem Vater. Der Häuptling will zuerst nichts davon wissen. Esu hat die Idee, ihm einige Kisten Bier und viele Schachteln Malariatabletten zu versprechen, wenn er Offiong ziehen läßt.

„Und auf der neuen Straße", bedeutet ihm Alexander, „kommt dein Sohn dich oft und oft besuchen."

Ich erkläre dem Häuptling, was Offiong in der Stadt erwartet: Wir werden ihm einen Platz in einer Schule verschaffen. Offiong ist gescheit. Er wird schnell lernen. Dann wird er in unserer Firma angestellt. Er wird lernen, mit Maschinen umzugehen. Er wird viel Geld verdienen. Er wird ein erfolgreicher Mann sein . . .

„Wird er alles haben, was er braucht?" fragt der Häuptling.

„Alles!" sagt Esu. „Und noch viel mehr."

Trotzdem ist der Häuptling nicht recht überzeugt. Ich sehe ihn, wie er zu seinem heiligen Baum spricht. Das Dorf feiert für Offiong ein Abschiedsfest.

„Meine Mutter hat geweint", sagt Offiong viele Jahre später zu mir.

Auf dem Rückmarsch zu unserem Landrover finden wir eine seichte Stelle im Erokut. Wir durchwaten den Fluß. Nur Alexander weigert sich. Ein Bursch nimmt ihn auf die Schultern. Mitten im Wasser stolpert er, Alexander verschwindet im braunen Wasser. Wütend kommt er wieder an die Oberfläche. „Wozu hab' ich nichts getrunken und mich nicht gewaschen?" schimpft er.

Esu lacht.

„Jetzt bist du tropentauglich, Alexander!"

Nach zwölf Stunden Marsch erreichen wir die Hauptstraße bei der Gummiplantage. Wir taumeln mehr, als wir marschieren. Ein einsamer Radfahrer ergreift bei unserem Anblick die Flucht. In voller Fahrt reißt er sein Rad herum. Nach dem Ende des Bürgerkrieges haben hier Räuberbanden ihr Unwesen getrieben. Kein Wunder, daß er uns dschungelverwahrlosten Männer für ihresgleichen hält.

Für die erste Zeit bringe ich Offiong in unserem Hotel unter.

„Kommen Sie mit!" bittet er mich, als man ihm sein Zimmer zeigt.

Offiong untersucht alles: die Matratzen im Bett – das wird für ihn ein ungewohntes Liegen sein – die Wasserhähne über dem Waschbecken – die Lichtschalter. Ich beantwortete unzählige Warum-Fragen.

Dann ist Offiong plötzlich still. Er sieht einen Wandspiegel. Er betrachtet sich. Er fährt mit dem Finger über das Glas.

„Ich sehe mich zum ersten Mal", sagt er zu mir.

„Im Fluß hast du dich gesehen", sage ich.

„Über den Fluß muß man sich bücken", antwortet er. „Hier sehe ich mich aufrecht und ganz."

In den nächsten Tagen begleitet Alexander Offiong durch die Stadt.

„Man kann ihn doch hier nicht so plötzlich allein lassen", sagt er. Alexander ist ein guter Lehrer. Er hat Geduld und kann einfach erklären. Er zeigt Offiong die Verkehrszeichen, die Maschinen, die Geschäfte, den Hafen. Offiongs Sprachkenntnisse bessern sich von Tag zu Tag.

„Ein Phänomen, der Bursche!" sagt Esu. „Für einen Efik . . ."

Er schenkt Offiong eine Bibel, die ins Efik übersetzt ist, und eine zweite Bibel in Englisch. „Damit du die Sprache der Weißen ergründen kannst", sagt er freundlich.

Offiong vergleicht und ergründet . . . „Die Weißen denken anders", sagt er mir eines Tages. „Das ist es. Die Schwarzen und die Weißen denken auf verschiedene Weisen." Es schreckt ihn nicht, daß Menschen so verschiedene Denkweisen haben können. Etwas anderes schreckt ihn mehr:

Von seinem ersten Gang durch die Stadt, den er ganz allein unternimmt, kommt er verstört zurück. Wir horchen ihn aus.

Ihm ist nichts passiert, nein. Niemand wollte ihn bestehlen. Niemand hat ihm etwas zuleide getan. Aber draußen am Rand der Stadt – Offiong ist bis an den Stadtrand marschiert. Dort breiten sich die Elendsviertel aus. Offiong hat auf der Straße einen Mann sterben gesehen. Niemand hat sich um den Mann gekümmert.

„In so einer großen Stadt", stammelt Offiong, „so viele Leute. Und keiner hat sich um den Mann gekümmert. Bei uns im Dorf hätte man ihn in seine Hütte getragen und Medizin für ihn gemacht, und die Frauen hätten geweint, und mein Vater hätte zu den Ahnen für ihn gesprochen. Er wäre nicht so allein gewesen. – Furchtbar ist die Stadt."

Wir trösten ihn. Wir lenken ihn ab.

Wir sagen ihm, wieviele Chancen er hier hat.

„Und in deinem Dorf – was wärst du dort geworden?"

„Nichts", sagt Offiong. „Häuptling nach meinem Vater."

Bevor ich Calabar verlasse, organisiere ich den Schulbesuch für Offiong. Ich bringe ihn bei einer Arbeiterfamilie unter, in einem netten Haus. Offiong wird mir Briefe nach Europa schreiben. Esu wird ihn im Auge behalten. Die Leute in der Firma überwachen sein Fortkommen in der Schule. Ein guter Arbeitsplatz ist ihm gesichert.

„Vielen Dank", sagt Offiong beim Abschied zu mir.

Später erfahre ich aus seinen Briefen, daß er in Calabar freundschaftliche Kontakte geschlossen hat. Calabar ist eine Hafenstadt. Schiffe aus aller Welt laufen hier ein. Offiong befreundet sich mit einem indischen Arzt und mit einem ägyptischen Hafenbeamten; beide Männer helfen ihm weiter, wenn er Probleme hat. Offiong lernt auch einen amerikanischen Schwarzen kennen. „Was meinen Sie, wie der auf uns Afrikaner herabblickt!" schreibt mir Offiong.

Vier Jahre später – Offiong ist nun bei unserer Firma angestellt – erhält er Lohnvorschuß, um ein Auto zu kaufen. Bald darauf beginnt er, ein Haus zu bauen. Er braucht mehr Geld. Er muß weiterlernen, um beruflich vorwärtszukommen. Offiong ist unermüdlich.

Drei Jahre später treffe ich Offiong in Europa. Zusammen mit noch fünf Facharbeitern ist er ausgewählt worden, hier eine Schulung durchzumachen. Die Firma hält große Stücke auf ihn. Offiong erzählt mir, daß er verheiratet ist und ein Kind hat.

Die Schulung dauert sechs Monate. In seiner Freizeit lernt Offiong viele Weiße näher kennen. Von dem Taschengeld, das er verdient, kauft er Geschenke für seine Familie.

„Schauen Sie, das hab' ich für meinen kleinen Sohn gekauft!"

Er zeigt mir eine Kristallkugel, die den Stephansdom umschließt. Wenn man die Kugel schüttelt, schneit es.

„Das war das hübscheste, was ich in den Spielzeugläden gefunden habe", sagt Offiong strahlend. „Und ich habe viel gesucht. Nun kann ich meinen Kindern zeigen, wie es schneit."

Ich frage ihn, wie es seinen Eltern geht.

„Der Vater ist fast blind", sagt Offiong. „Das kommt vom schlechten Palmschnaps."

„Und die Mutter?"

„Die ist bald gestorben, nachdem ich fortging", sagt Offiong. „Bei der Geburt meines jüngsten Bruders. Ich denke oft an sie. Sie hätte sich gefreut über alles, was ich erreicht habe." Er überlegt eine Weile, sagt dann noch einmal: „Sicher hätte sie sich gefreut . . ."

Offiongs Diener haben weiße Jacken an, aber sie gehen barfuß.

Offiongs Frauen tragen Sandalen mit hohen Absätzen.

Seine Kinder haben weiße Socken und Tennisschuhe an. Sie erzählen, was sie im Kindergarten erlebt haben. Felix, der älteste Bub, dreht den Fernsehapparat an. Stammestänze. Felix klatscht in die Hände, er lacht. Die Übertragung kommt von Lagos, der nigerianischen Hauptstadt. Dort findet das westafrikanische Festival statt. Dem Trommelklang sind elektronische Gitarrentöne und Orgelläufe hinzugefügt worden; ein Kontrabaß brummt dazu.

„Schade, daß man das nur in Schwarzweiß sieht", sagt Offiong. „Unser Nachbar hat sich aus den USA einen Farbfernseher mitgebracht. Aber wir haben noch nicht in allen Provinzen Farbfernsehen."

Offiong mixt mir einen Gin-Tonic.

Die Kinder starren auf die flimmernden Bilder.

„So tanzen kann dein Vater auch", sage ich zu Felix.

„Vielleicht", sagt Offiong. „Heute bei der Grundsteinlegung, da ist mir die Musik in die Glieder gefahren. Da hätte ich tanzen wollen ... Wie ein Buschmann." Er lacht.

Der vollklimatisierte Raum ist kühl – zu kühl für einen, der im Lendenschurz dasitzt. Offiong zittert. Die Härchen auf seinen Armen und Beinen sträuben sich.

„Warum drehen Sie das Klimagerät nicht ab?" frage ich.

Er zieht die Schultern hoch.

„Oh ... ich hab' mich daran gewöhnt." Er hebt sein Glas, um mit mir anzustoßen. „Auf die Grundsteinlegung!"

Das große Sprecherstudio, der Regieraum. Der Direktor der Rundfunkanstalt führt die Gäste herum und stellt die Einrichtung vor: die Tonbandmaschinen aus Deutschland, der Plattenspieler aus Frankreich, die Konsole mit den Pegelreglern aus Großbritannien. Die Tonbänder aus der Sowjetunion, das Studiomikrofon aus Kuba. Die große elektrische Uhr im Regieraum kommt aus der Tschechoslowakei.

Der Tontechniker und der Produzent wurden von der britischen Rundfunkgesellschaft BBC ausgebildet.

Die Muttersprache des Ansagers ist Kisuaheli, aber sein Englisch ist beinahe akzentfrei: „This is the Voice of African Brotherhood, the Voice of the African Revolution. Good morning. Here are the latest news ..."

GHANA

Bonpongya, ein Dorf, vier Kilometer südlich von Kukurantumi

Der Honigkuckuck

„Addo!“

Die Großtante rief schon zum dritten Mal.

Es war Samstag, und es war Erntezeit. Die Eltern arbeiteten seit drei Tagen bei den Großeltern auf der Farm in Bonpongya.

Addo sprang auf und fuhr vor Eile verkehrt in die Shorts. Er lief hinaus in den Hof, rannte zum Verschlag der Ziegen und Schafe. Es lagen noch genug Kassablätter da, die warf er ihnen schnell vor. Dann molk er zwei Ziegen. Die dritte gab jetzt keine Milch mehr, die würde bald ihr Junges bekommen. Nächste Woche vielleicht. Man sah schon, wie es sich in ihrem Bauch bewegte.

Addos Schwester Asantewah trug einen großen Wasserkrug über den Hof in die Küche. Nyakoeh, die jüngste Schwester, fegte mit ihrem kleinen Strohbesen den Hof. Aus der Küche dröhnte Radiomusik. Die Großtante hörte nicht mehr so gut, die drehte das Radio immer so an, daß man es im ganzen Viertel hörte.

Addo führte die Tiere hinaus auf die Wiese. Die Ziegen pflockte er an, die Schafe durften frei herumlaufen.

Als er zurückkam, war Nyakoeh damit beschäftigt, ihre Zöpfchen zu flechten.

„Beeil dich!“ rief Addo.

Der Weg nach Bonpongya war fast vier Kilometer in südlicher Richtung, und es war jetzt schon sehr heiß.

Endlich kam Nyakoeh in Sandalen aus dem Haus.

„So kannst du nicht gehen“, sagte die Großtante. „Zieh Schuhe an.“

Nyakoeh maulte: „Die Schuhe zwicken!“

Die Großtante schnalzte mit den Fingern. „Besser die Schuhe zwicken, als ein Skorpion beißt dich. Vom Schuhezwicken ist noch keiner gestorben. Von Skorpionbissen schon viele.“

Es war fast acht Uhr, als sie endlich zu dritt loszogen. Die Großtante stand in der Hoftür und blickte ihnen nach.

Beim Schattenbaum blieb Asantewah schon wieder stehen. Dort saßen wie jeden Tag die alten Männer. Einer hatte eine kleine Trommel unter die Achsel geklemmt und trommelte leise. Ein anderer trommelte mit den Fingern auf die Lehne der Bank. Der Uralte stimmte ein Lied an. Seine Haare waren weiß wie Meersand in der Mittagssonne.

„Sie haben ihn in Ketten gelegt", sang er.
„Sie haben ihm ein Zeichen eingebrannt."
„Ja, so war es. Ja, so war es!" stimmten die anderen ein.
„Mit glühendem Eisen haben sie es gebrannt
in seinen Arm. In seinen starken Arm."
„Ja, so war es. Ja, so war es!"
„Sie haben ihn in Ketten gelegt.
Ketten um die Arme, Ketten um die Beine,
Kette um den Hals.
In Ketten haben sie ihn gelegt, ihn und die Brüder.
Auf ein Schiff geprügelt, ihn und die Brüder.
Das Schiff fuhr weit übers Meer
und keiner kam wieder zurück."

Addo legte Asantewah die Hand auf die Schulter.

Ihn interessierten diese alten Geschichten nicht besonders. Ihn interessierte vor allem Fußball. Und wenn sie sich jetzt nicht beeilten, dann würden sie nicht mit der Arbeit fertigwerden und dann würde ihm der Vater morgen nicht erlauben, Fußball zu spielen. Morgen wollten sie auf dem Sportplatz der Schule spielen, gegen eine Mannschaft aus dem Nachbardorf.

Asantewah schüttelte seine Hand ab, aber sie ging mit. Schließlich war er der Ältere.

Nyakoeh blieb immer wieder stehen. Einmal, um ihre Schuhbänder fester zu ziehen; einmal, um sie zu lockern.

„Wer braucht schon Geschwister!" sagte Addo.

„Du! Sonst hättest du niemanden zum Kommandieren." Asantewah war wirklich frech. Addo hätte das nie zu den großen Brüdern gesagt.

Die Eltern, der Großvater und drei Helfer arbeiteten schon seit Stunden. Vor dem Haus türmten sich die Kakaoschoten in einem großen Haufen. Addo suchte sich einen Stock aus, der ihm gut in der Hand lag, und begann, Schoten von den Kakaobäumen abzuschlagen.

Asantewah und Nyakoeh sammelten sie in Körbe. Vor zwei Jahren hatte Addo auch noch Schoten gesammelt. Damals waren die Brüder zur Ernte heimgekommen. Jetzt war er selbst groß genug, um Männerarbeit zu tun.

Er hörte den Großvater zum Vater sagen: „Es ist schlimm, daß deine älteren Söhne nicht hier sind."

„Addo ist da", sagte der Vater. „Und die zwei anderen haben Geld geschickt. Sie können nicht einfach kommen, wann sie wollen. Sie müssen warten, bis sie Urlaub haben."

Der Großvater hieb weiter Schoten vom Baum. Seine Augen waren zwar nicht mehr so scharf wie früher, aber es entging ihm doch keine Schote.

„Geld ist nicht dasselbe", sagte er. „Das Land gehört allen gemeinsam. Alle müssen es gemeinsam bearbeiten. Ist es nicht so?"

„So ist es", stimmte der Vater zu. „Aber die Zeiten ändern sich. Wenn sie Geld schicken, kommt es auch aus Arbeit. Überall gehen Menschen in die Stadt, um zu arbeiten."

„Das Land ist da. Wir sind da", sagte der Großvater.

„Es sind gute Söhne", sagte der Vater.

Der Großvater nickte und wiederholte: „Es sind gute Söhne."

Die Sonne stach immer mehr. Addo war froh, als der Vater sagte: „Genug für jetzt."

Die Erwachsenen gingen in die Hütten. Addo nahm die Steinschleuder und lief mit seinen Freunden in den Wald.

Ein grüngoldener Vogel flog vor ihm auf, aber bevor er die Schleuder heben konnte, war der Vogel verschwunden.

Das Unterholz knisterte. Ein Schatten huschte über den Weg. Eine Ratte vielleicht. Addo hätte gern seine Schleuder an ihr erprobt. Er hatte neue Lehmkugeln geformt und besonders lang getrocknet. Einige hatte er nicht ganz rund gemacht, sondern ein wenig spitz zulaufend. Er wollte sehen, wie die flogen.

Rechts von ihm rief und lockte ein Honigkuckuck. Aber Addo dachte nicht daran, ihm in den Wald zu folgen. Beim letzten Mal hatte er sehr bald einen hohlen Baum mit einem großen Bienennest gefunden, aber als er es aufbrechen wollte, waren die Bienen auf ihn losgegangen. Er war mit vierzehn Stichen heimgelaufen, zwei davon im Gesicht.

Die Großmutter hatte ihm Blätter aufgelegt, die den ärgsten Schmerz linderten. Sie hatte ihm auch einen besonderen Tee gekocht. Trotzdem hatte stundenlang einfach alles wehgetan. Er erinnerte sich besonders an die Nacht und die gräßlichen Träume. Der Honigkuckuck konnte locken, so viel er wollte. Vielleicht fand er einen Dummen, der ihm ein Bienennest aufbrach. Addo ganz sicher nicht.

Zwei von den Freunden hatten schon mit ihren Schleudern Vögel erlegt. Sie trugen sie an den Beinen. Die Köpfe baumelten bei jedem Schritt.

Heute mußte Addo endlich Glück haben. Dreimal schon hatte er von der Vogelsuppe mitgegessen und nichts dazu beigetragen.

Er ging vorsichtig. Mit den Schuhen war es schwer, keinen Laut zu machen. Eine Liane klatschte ihm ins Gesicht. In diesem Augenblick sah er das Perlhuhn, eine gefleckte Kugel, die mit kurzen Schritten vor ihm hertrippelte.

Er hob die Schleuder, legte an, traf.

Nyakoeh hatte schon am Waldrand Feuer gemacht und den kleinen Kessel an gekreuzten Stecken aufgehängt. Die Zwiebeln brodelten, sie schnitt gerade Tomaten hinein. In die Schule ging sie noch nicht – erst nächstes oder übernächstes Jahr – aber kochen konnte sie. Als sie die Vögel sah, drehte sie den Kopf weg. Sie bestand auch darauf, daß Addo und seine Freunde das Rupfen und Ausnehmen ein Stück entfernt besorgten. Von der fertigen Suppe aß sie trotzdem.

Später saßen sie satt und zufrieden im Schatten. Sie hatten das heruntergebrannte Feuer mit Erde zugedeckt. Mantey, der älteste Bruder, war da immer sehr streng gewesen. Jetzt fuhr er mit dem Taxi durch die staubige, heiße Stadt.

Schade, daß die Brüder nicht gekommen waren.

Vielleicht nächstes Jahr.

Addo nahm einen trockenen Grashalm zwischen die Daumenballen und begann, darauf zu blasen. Nyakoeh versuchte es auch, aber sie brachte keine richtige Tonfolge fertig. Hayford klatschte dazu.

Über den Kaffeebäumen flirrte die Hitze.

Grillen zirpten und schnarrten.

Auf dem Rückweg sagte Hayford: „Mein Vater will nicht, daß ich weiter in die Schule gehe. Er sagt, er will nicht allein hier arbeiten – wie ein kinderloser Mann."

Hayfords Vater war einer von Großvaters Arbeitern. Sie wohnten in der letzten Hütte am Rand des Dorfes.

„Mein Vater könnte mit deinem reden", schlug Addo vor.

Manchmal, wenn er hier auf der Farm war, hatte er gar keine Lust, in die Stadt zurückzugehen, in die Schule. Ständig zu hören, daß er lernen mußte, lernen, lernen . . . Aber wenn man nicht durfte, dann fehlte einem vielleicht doch etwas.

Sie gingen an die Arbeit zurück.

Die meisten Körbe waren schon wieder halb voll.

Addo ließ die Schoten herabprasseln. Einholen konnte er den Vater nicht. Aber er konnte ihm zeigen, daß er sich Mühe gab.

Es war eine gute Ernte in diesem Jahr.

Man sah es nicht nur an dem Haufen, der ständig wuchs. Man sah es auch an den Gesichtern.

Vor dem Haus der Großeltern lagen die frisch gewaschenen Palmmatten in der Sonne. Darauf würden die Kakaobohnen zum Trocknen ausgebreitet werden. Aber zuerst mußten sie noch fünf Tage in der Schale gären. Am nächsten Freitag würden von überall her Freunde und Verwandte kommen, sie würden helfen, die Schoten aufzuschneiden und die Bohnen herauszulösen. Sie würden Geschichten erzählen und singen. Die Großmutter würde alle ihre Töpfe brauchen, um für so viele Menschen zu kochen. Und dann würden sie im Kreis herumstehen, wenn die drei Haufen eingeteilt wurden, wie es Sitte war: zwei für die Familie, einer für die Arbeiter. Hayfords Vater würde seine Bohnen hinüberschaffen zu seinem Haus und sie auf seinen eigenen Matten trocknen.

Ein Mann fing an zu singen. Die anderen fielen ein.

Addo bemühte sich, seinen Stab im Takt zu schwingen. Er schaffte es immer nur für kurze Zeit, dann kam er aus dem Rhythmus, weil der Stab so lang und schwer war. Nächstes Jahr vielleicht.

Vom Haus der Großeltern tönte rhythmisches Stampfen. Die Großmutter stampfte Fufu für das Abendessen: gekochte Jams und gekochte Bananen. Addo merkte, daß sich sein Bauch schon jetzt auf das Essen freute.

Die Großmutter sah so klein und so mager aus, aber sie ließ den Stössel, der größer war als sie, schneller in den Mörser fallen als irgendwer sonst. Sie machte das beste Fufu. Alle sagten das.

Ob die Brüder in der Hauptstadt auch Fufu bekamen?

Addo überlegte, ob er jemals in die Hauptstadt gehen würde. Er konnte es sich eigentlich nicht vorstellen.

Der Vater stieß seinen Stab in die Erde, zum Zeichen, daß die Arbeit für heute zu Ende war. Der Stab zitterte. Addo hatte noch vier Bäume in seiner Reihe.

Asantewah trug den letzten vollen Korb weg.

Als sie zurückkam, fragte sie: „Kann ich mit euch Fußball spielen?"

„Du?" fragte Addo zurück. „Mädchen spielen nicht Fußball."

„Und warum nicht?"

„Weil sie nicht können."

„Pah!" Asantewah prustete. „Natürlich können wir, wenn wir wollen. Besonders ich."

„Warum besonders du?"

„Denk an Yaa Asantewah. Die war sogar Häuptling, und die Aschanti haben sie gewählt, weil sie so tapfer und tüchtig war. Tapferer und tüchtiger als alle Männer. Darum haben sie sie zum Häuptling gewählt. Und die Portugiesen, die sind gerannt!"

„Das ist lange her", sagte Addo. „Mindestens hundert Jahre, sogar länger."

„Na und? Ich bin nicht lange her!"

Sie lachten beide. Asantewah hatte eine Orange mitgebracht, die warf sie auf den Boden und spielte sie ihm zu. Gar nicht so schlecht.

Addo zielte zwischen zwei Bäume und schoß die Orange durch.

„Tor!" schrie er.

Asantewah klatschte.

Wenn wir Glück haben, dachte Addo, borgt uns der Lehrer morgen den richtigen Fußball.

UGANDA

Kyengera

Lumala ist krank

„Mann, wo hast du dein Hirn? In den Frackschößen des Oberkellners? Denkst du deswegen so verkehrt? Ich habe dir gesagt, du sollst meinen Koffer dem Bus in den Hintern stecken, nicht auf den Kopf!"

Allgemeines Gelächter.

„Eeh, Muzeyi, langsam, langsam, alte Dame. Schickt sich das?"

An der Autobushaltestelle trifft man sehr seltsame Typen. Und die Ton-Boys sind die seltsamsten. Sie feilschen um den Preis dafür, daß sie das Gepäck der Passagiere aufladen, und wenn man fest bleibt, gehen sie auch herunter, aber sie fluchen wie verrückt.

„Alt? Wer ist da alt?"

Diese Stadtfrauen wollen immer jung sein. Die Dame hier ist mindestens so alt wie meine Mutter, aber sehr gepflegt. Sie ist sorgfältig gebleicht, fast wie ein Albino sieht sie aus; sogar Lippenstift trägt sie. Ihr Mund ist wie das Gefahrenzeichen auf den Hochspannungsmasten, sagen die Ton-Boys.

Die meisten Passagiere lachen mit den Ton-Boys über die feine Dame. Der Fahrer startet den Motor, der Schaffner steigt ein. Wir fahren los. Es ist auch höchste Zeit, wir haben bereits Verspätung.

Ich freue mich auf daheim. Drei Monate lang war ich nicht zu Hause, und die Arbeit war anstrengend. Jeden Tag von sechs Uhr morgens bis spät abends. Wir mußten den Bauern Vorträge darüber halten, wie man den Ertrag der Felder vergrößern kann. Die alten Männer waren nicht begeistert von den neuen Ideen.

„Zu viele Veränderungen", sagten sie und erinnerten an den Wasserbock, der sich lahm tanzte, bevor das eigentliche Fest begann. „Vielleicht später einmal", sagten sie. „Nicht in unserer Zeit."

Meine Gedanken wandern zurück zu dem Abschiedsfest gestern abend, zu den Trommeln, den Tänzen, den fröhlichen Gesichtern . . .

Ich wache auf, weil der Bus stehenbleibt. Es ist halb sechs Uhr früh. Bei der nächsten Station steige ich aus.

Ich gehe hinüber zu Kefas Laden. Er ist ein entfernter Verwandter. Die Leute blicken mich merkwürdig an, sehen gleich wieder weg. Irgend etwas stimmt da nicht.

Kefa begrüßt mich, aber er vermeidet es, mir direkt in die Augen zu schauen.

„Was ist los?"

„Nun – also wenn ich du wäre, würde ich mich beeilen . . ."

Mein Herz schlägt so hart, daß ich meine, er müßte es hören. Ich packe meine Kiste und laufe nach Hause.

Auf der Straße stehen einige der Frauen, die wir „Kassettenrecorder" oder „Dorfradio" nennen.

„. . . Mulira ist noch ärger, der hat so viele Freundinnen, daß seine Familie halb verhungert . . ."

„Ach, die streiten ständig, aber die Frau ist stark! Sie rauft oft mit ihm, und wenn sie ihn am Boden hat, bedient sie sich aus seiner Brieftasche."

Sobald sie mich sehen, verstummen sie. Dann sagt eine: „Wir fühlen alle mit dir."

„Was ist geschehen?"

„Eh-eh, du weißt es nicht einmal . . . wo es doch in deiner eigenen Familie ist?"

Ich renne weiter. Der Schweiß läuft mir in den Kragen.

Aus unserem Gehöft tönt kein Kindergeschrei wie sonst.

Meine Mutter sitzt im Hof, umringt von Nachbarn.

„Ah, wir sollten einen Wagen mieten", sagt einer.

Ich trete näher.

Meine Mutter blickt auf. Ihre Augen sind rot, ihr Haar ist nicht geflochten wie sonst. Sie weint nicht, aber das wäre auch nicht ihre Art. Sie starrt mich nur an. Endlich sagt sie meinen Namen, dann verstummt sie wieder.

„Bitte, Maa, sag mir doch endlich, was los ist!"

Sie starrt auf einen Punkt hinter meinem Kopf.

„Lumala ist wahnsinnig geworden."

„Was?"

„Wahnsinnig!"

Es ist wie ein Strahl eiskaltes Wasser mitten ins Gesicht. Die Gesichter ringsum verschwimmen vor meinen Augen.

Lumala!

Knapp bevor ich wegfuhr, hatte er seinen großen Tag.

Das Juniorteam errang zum ersten Mal den Pokal. Zwei Spiele waren unentschieden ausgegangen. Das dritte Spiel zeigte beide Teams von ihrer besten Seite. Es war ein kämpferisches Spiel, Klassefußball mit guten Kombinationen und einem rasanten Tempo, das fast bis zum Schluß gehalten werden konnte. Obwohl Lumala beinhart gedeckt wurde, war er der gefährlichste Mann für den gegnerischen Angriff. Als die Gegner in den letzten Minuten versuchten, den Ball in den eigenen Reihen zu halten, sprang Lumala dazwischen – und schon zappelte das Leder im Netz.

Die Zuschauer waren außer Rand und Band. „Lu-Lu-Lumala! Lu-Lu-Lumala! Lu-Lu-Lubabu!"

Lubabu war ein Ehrenname und bedeutete „Der Gefährliche".

Es war ein großer Augenblick, als der Landessportrat dem Kapitän den Pokal überreichte und der ihn an Lumala weitergab.

Das Gemeinschaftshaus war zum Bersten voll. Der Landesrat erklärte, daß er Lumala als Mittelstürmer aufstellen werde für die kommende Bundesliga der Junioren. Die Tische bogen sich, Lumala schüttelte unzählige Hände.

„Warte nur, eines Tages wirst du Profi . . .“

„. . . die holen dich noch zu West Bromwich Albion . . .“

Die ganze Familie teilte seinen Triumph.

„Banange Munsamulule . . . bitte, macht mich los . . .“ höre ich Lumala drinnen schluchzen. „Maa . . . bitte . . . was habe ich getan?“

Ich gehe ins Haus.

Lumala ist in der Speisekammer eingesperrt. Er liegt auf dem Boden, die Hände hinter dem Rücken gebunden, die Füße gebunden. Die Stricke schneiden in seine Handgelenke. Tränen laufen ihm über die Wangen. Er hat Schrammen im Gesicht.

Ich binde ihn los.

Er schlägt nach mir und fragt, wer ich bin.

Er ist wirklich verrückt!

Ich kann die Tränen nicht mehr zurückhalten.

Und gerade jetzt ist Tataa in Nairobi, und auch Onkel Tomtom ist weg. Beide kommen frühestens in zwei Wochen zurück.

Bruchstückhaft erfahre ich, wie es begonnen hat:

Lumala hatte am Morgen einen leichten Malariaanfall. Maa schickte ihn zur Krankenstation, wo man ihm eine Injektion gab und ihm sagte, er solle im Bett bleiben. Am Spätnachmittag begann er zu brüllen. Maa rannte ins Schlafzimmer und beruhigte ihn. Eine Stunde später sprang er aus dem Bett und lief nackt auf die Straße. Unsere Geschwister rannten ihm nach, aber er war schon auf der Hauptstraße, tanzte Jig-Jigja und schlug einen Vorübergehenden, bevor meine Geschwister ihn fassen und zurückbringen konnten.

Er wurde ins Bett gesteckt und bekam starken Mululuza Tee, der wie Chinin wirkt, aber noch stärker.

An diesem Abend rührte kaum einer sein Essen an.

Maa sprang immer wieder auf und lief in Lumalas Zimmer, der unruhig schlief.

In der Nacht begann er zu murmeln, am Morgen fing das Schreien und Fluchen wieder an. Die Nachbarn kamen, um zu sehen, ob sie helfen könnten. Der Arzt wurde gerufen.

„Da kann ich leider gar nichts tun . . . das beste ist, ihn ins Schwerpunktkrankenhaus zu bringen . . .“

Inzwischen hat jemand Kanakulya geholt, den reichsten Mann bei uns im Dorf, der drei Autos hat. Kanakulya hat Bedenken, seinen Landrover zur Verfügung zu stellen.

„Wenn er alle Fenster zerdrischt?“

Der Fahrer nickt heftig. Er fürchtet sogar, Lumala könnte dem Wagen Unglück bringen. Die Nachbarn haben Geld für Benzin gesammelt. Schließlich gelingt es uns gemeinsam, Kanakulya zu überreden.

Lumala schlägt um sich und tobt. Mit Hilfe der Nachbarn überwältigen wir ihn schließlich.

Die hundert Kilometer bis zum Krankenhaus sind lang. Am späten Abend kommen wir an. Lumala erhält eine Injektion. Fast unmittelbar danach wird er ruhig. Seine Arme schlenkern. Er wird in ein Bett gelegt. Maa darf sich draußen auf einer Matte ausstrecken, ich sitze auf einer Bank. Wir schlafen beide nicht in dieser Nacht.

Am Morgen kommt der Arzt. Lumala ist wach, wir hören ihn durch die Tür murmeln. Nach langem Hin und Her erlaubt uns die Stationsschwester, den Arzt zu begleiten.

Sobald die Tür aufgeht, springt Lumala auf. Zuerst lacht er böse, dann schreit und flucht er. Er reißt einer Krankenschwester die Schürze weg.

Wir haben alle Angst. Eine Schwester führt einen Wagen mit mehreren spitzen Scheren und anderen scharfen Instrumenten. Der Doktor blickt Lumala in die Augen und spricht mit ihm. „Setz dich. Du bist sicher müde."

Lumala brüllt Beleidigungen und die gräßlichsten Flüche, die ich je gehört habe. Der Arzt redet weiter mit ihm. Ganz ruhig. Schließlich bekommt Lu eine Injektion und schläft sehr schnell ein.

Wir atmen alle hörbar aus.

„Cerebrale Malaria", sagt der Arzt. „Die Malaria hat das Gehirn angegriffen. Keine Sorge, er wird wieder gesund."

Nach sechs Wochen zeigt Lumala noch immer keine Zeichen einer Besserung. Man verlegt ihn in das Psychiatrische Krankenhaus. Anfangs sind die Schwestern freundlich, auch Lumala ist ruhig und freundlich. Dann aber beginnt er wieder zu fluchen, er spuckt die Schwestern an. Die jüngeren von ihnen sind besonders aufgebracht. Sie sagen, er ist ein hoffnungsloser Fall, er gehört in eine geschlossene Abteilung. Die Ärzte wollen noch zuwarten.

Maa ist mager geworden. Sie läßt sich von einer Tante die Haare fast bis zur Kopfhaut abschneiden. Sie geht nicht mehr rasch wie sonst, alle ihre Bewegungen sind langsam.

Tataa sagt immer wieder: „Ich vertraue der Jungfrau Maria. Sie wird unsere Gebete erhören."

Ich fahre fast jeden Tag ins Krankenhaus. In der Regenzeit sind die Wände im Krankenhaus feucht, als ob auch sie krank wären, und die langen Gänge riechen noch stärker als sonst nach Medizin und nach Desinfektionsmitteln.

Ich habe das Gefühl, daß viele Nachbarn Lumala nur deshalb besuchen, weil die Leute sonst reden würden. Die „Kasettenrecorder" kommen fast jeden Tag, sie hocken im Kreis wie eine Versammlung, und dann gehen sie und amüsieren sich in der Stadt. Gegen einen Krankenbesuch kann kein Ehemann etwas einwenden.

Ein entfernter Verwandter, ein alter Mann, kommt ins Krankenhaus.

Bei Lumala spricht er nicht viel, aber hinterher sagt er zu uns: „Vielleicht ist das ein Zeichen. Euer Großvater hat den Medizinmann von einer der wichtigsten

Zeremonien weggejagt . . . die Geister sind böse . . . Vielleicht ist jemand neidisch auf euch und war bei einem Zauberer, der sich auf schwarze Magie versteht . . ."

Er bietet den Eltern an, einen Medizinmann zu bezahlen. Tataa und Maa lehnen ab.

Der alte Mann schüttelt den Kopf. „Hat nicht der weiße Mann selbst ein Buch geschrieben mit den Worten Gottes? Hat er nicht geschrieben, daß wir nicht zerstören sollen, was unsere Vorväter begonnen haben?"

Einige Zuhörer nicken.

Tataa aber sagt ruhig: „Jeder von uns hat seine Prinzipien. Ich kann nur dem einen, richtigen Weg folgen und auf die Heilige Jungfrau vertrauen."

Eines Morgens weigert sich Lumala, einen Bissen zu essen. Er schlägt der Schwester die Teetasse aus der Hand. Die Ärzte reden davon, daß man ihn nun doch in eine Anstalt bringen müsse. Hier könne man nichts mehr für ihn tun.

Gerade an diesem Tag kommt Tante Naziwa. Sie hat als Sozialhelferin in einem entlegenen Dorf gearbeitet und wurde erst vorgestern in ihre Heimatgemeinde zurückversetzt, weil sie über sechzig ist. Tante Naziwa ist ungeheuer energisch und kann alle zum Lachen bringen, auch wenn außer ihr niemand einen Grund zum Lachen sieht.

Sie legt den Arm um Maas Schultern und sagt: „Ihr macht ihn ja kränker als er ist, weil ihr ihn alle anseht wie einen Kranken. Wie einen Verhexten. So lange er eingesperrt ist, kann er auch nicht gesund werden."

Sie geht zum Arzt und redet mit ihm. „Was er braucht, ist vor allem Vertrauen. Und Liebe." Der Arzt warnt sie, ob sie auch weiß, was sie auf sich lädt, wenn sie Lumala heimnimmt, auf ihre eigene Verantwortung. Sie lacht. „Er ist doch kein toller Hund. Er ist ein Mensch . . ."

Sie bringt ihn in ihr eigenes Haus. Den Mitgliedern ihrer Familie schärft sie ein, sie sollen Lumala genauso behandeln wie jeden anderen.

Das ist nicht einfach. Die jüngeren Enkelkinder starren Lumala an und rennen vor ihm davon.

„Tante . . . es hat doch keinen Sinn . . . ich kann nicht mehr . . ."

Sie bittet ihn, Geduld zu haben, ruhig zu sein.

Manchmal sieht es aus, als hätte sie Erfolg. Manchmal muß sie die Nachbarn zu Hilfe holen, um ihn mit Gewalt zu füttern.

Einige ihrer Freunde gehen ihr aus dem Weg, hören auf, sie zu besuchen. Sie kämpft weiter. Sie bittet Lumala, im Haus zu helfen.

Eines Tages geht er Wasser holen. Als er mit seinem Eimer in die Nähe des Bohrlochs kommt, rennen die jüngeren Kinder wie aufgestörte Hühner quietschend auseinander.

„Der Wahnsinnige!"

Eine ältere Frau versucht, die Kinder zum Schweigen zu bringen. Aber Lumala hat schon gehört und verstanden.

„Tante, ich muß weg. Ich kann mein Gesicht nicht mehr im Dorf zeigen. Wie die Leute mich ansehen . . . meine eigenen Leute . . . als ob sie mich anklagen wollten, daß ich im Land der Geister eingedrungen bin . . . Ich kann nicht mehr."

Sie sagt: „Ja, so ist das Leben. Du mußt dich dem stellen. Wohin willst du rennen? Denke nicht nur an dich. Du lebst in einer Gemeinschaft, auch wenn die Gemeinschaft oft grausam und ungerecht und gemein ist. Denke an deine Eltern, an deine Brüder und Schwestern. Die haben dich nicht aufgegeben, weil sie dich lieben. Die haben dich nicht in eine Anstalt einsperren lassen, zu den Menschen mit den toten Gehirnen. Du mußt kämpfen. Du mußt allen zeigen, daß du gesund bist."

Sie kämpft mit ihm für ihn.

Sie hört ihm zu. Sie ermutigt ihn, weiterzusprechen, wenn er einen Satz abbricht.

„Als Gott dich erschuf", sagt sie, „da wollte er, daß du lebst, was immer auch kommen mag. Du mußt zu dir halten – wie Mann und Frau, die vor dem Altar versprechen, einander zu helfen in guten wie in bösen Zeiten. Wenn du dich jetzt umbringst, weil du dir unerwünscht und verflucht vorkommst, dann bist du ein Feigling. Du mußt zu dir halten, dann werden auch die anderen zu dir halten . . ."

Meist redet sie mit ihm während ihrer Hausarbeit. Sie konzentriert sich ganz auf das Gespräch, während ihre Hände beschäftigt sind. Sie sitzt zum Beispiel auf einer Matte, die Knie mit Bananenblättern zugedeckt, um ihre Kleider nicht zu beschmutzen, das Ekyambe-Messer in der Hand, schält eine Banane, und ihr Oberkörper beschreibt eine Kurve, genau wie die der Banane, die sie schält. Dann läßt sie die geschälte Banane wie einen springenden Fisch in den Kochtopf schnellen.

Lumala sitzt ihr gegenüber und lächelt.

Manchmal läßt sie die Hände sinken, sieht ihn mit weit offenen Augen an, schüttelt den Kopf und nimmt ihre Arbeit wieder auf.

Inzwischen ist ein Jahr vergangen.

Gestern wurde unsere Bezirksauswahl Cupsieger in der Junior-Liga!

Die Zuschauer haben Lumala einen neuen Namen gegeben: der Ballzauberer.

„Die Apartheid isoliert den weißen Menschen. Er hat seine Fenster weiß gestrichen, damit er in seinem Dunkel bleibt."

(Bryten Brytenbach, südafrikanischer Schriftsteller im Gefängnis.)

GUINEA-BISSAU

Prabis, ein Dorf östlich der Hauptstadt Bissau

Auf Würmer schießen

Der Regen hörte so plötzlich auf, wie er begonnen hatte. Es wurde wieder hell. Einen Augenblick lang funkelten die Sträucher, die Hütten, der Waldrand, die frisch gepflügte Erde. Dann begann der Dampf aufzusteigen.

Fast das ganze Dorf war auf dem Platz versammelt, in einem lockeren Kreis. Viele hockten, die Ellbogen auf die Knie und die Köpfe auf die Hände gestützt. Sie waren müde. Den ganzen Tag hatten sie auf den Feldern gearbeitet. Fünf Hektar waren in den vergangenen Wochen neu gerodet worden.

Heute hatten sie Ananassträucher gesetzt.

Heute, und gestern, und vorgestern.

Morgen würden sie wieder Ananassträucher setzen.

Morgen und übermorgen. 102.000 insgesamt.

Die Ananassträucher gehörten dem ganzen Dorf. Ebenso wie der Mais, die Bohnen, die Tomaten und der Reis auf den Feldern, wie die Gurken und die grünen Pfefferschoten in den Mistbeeten.

Schon im vergangenen Jahr hatte das Dorf Obst und Gemüse an die Genossenschaft in der Stadt verkauft. In diesem Jahr sollte es noch mehr werden. Wenn alles gut ging, konnten sie nächstes Jahr mit dem Bau einer Schule beginnen.

Der Boden war da. Das Saatgut war da. Die einzige Schwierigkeit war die Krankheit, die im Dorf umging und die Menschen schlaff und müde machte. Wenn nur einer krank war, dann konnten die anderen seine Arbeit übernehmen. Wenn mehrere krank waren, dann fehlten sie. Dann blieb etwas ungetan, das getan werden mußte, obwohl alle mithalfen, auch die Kinder und die alten Leute.

Diallo Sampa hockte neben seinem Großvater. Ihnen gegenüber saß der Lehrer. Der Lehrer war jung, nur ein paar Jahre älter als Diallo. Er ging selbst noch zur Schule, in der Hauptstadt. Zweimal in der Woche kam er am frühen Abend hierher. Er kam in einem klapperigen alten Auto, das dann weiterfuhr und seine Kollegen in entlegenere Dörfer brachte.

Sie lernten Lesen.

Der Großvater las laut vor. Alle hörten ihm zu. Er las mühsam, Wort für Wort. Er schaukelte beim Lesen auf den Fersen vor und zurück, und er hielt das Buch sehr fest. Seine Stirn runzelte sich, die Runzeln krochen auf und ab, hin und her. Er las langsam, aber er machte keinen einzigen Fehler.

Als der Großvater fertig war, atmete Diallo lange aus. Der Großvater war einer der Ältesten im Dorf. Er hatte auf der Farm gearbeitet, als sie noch einem portugiesischen Geheimpolizisten gehörte. Er hatte gegen die Portugiesen gekämpft. Er hatte die Männer aus dem Dorf angeführt und Waffen für die Verteidigungsarmee an die Südfront gebracht. Der Großvater erzählte nicht viel von dieser Zeit, aber die anderen Männer im Dorf hatten berichtet, wie der Großvater allein ein Lagerhaus voll Zuckerrohr verteidigt hatte, in dem sie die Verwundeten versteckt hatten.

Und jetzt lernte er lesen. Am Anfang hatte er mehr Mühe damit gehabt als Diallo. Aber jetzt hatte er eine ganze Seite gelesen, ohne einen einzigen Fehler zu machen.

Alle sahen den Großvater an.

„Wie fühlst du dich jetzt", fragte der junge Lehrer, „jetzt, da du so gut lesen kannst?"

Der Großvater schaukelte heftiger als zuvor auf den Fersen. Diallo rückte eine Spur näher an ihn heran.

Der Großvater räusperte sich, einmal, zweimal. Er reichte Diallo das Buch und breitete seine Hände aus. Er betrachtete die Handflächen, dann hielt er sie so, daß die anderen sie sehen konnten. „Diese Narbe", sagte er, „ist von der ersten Hütte, die ich gebaut habe. Und diese hier ist von dem großen Feuer, als mein erster Sohn geboren wurde. Und diese ist von der ersten Bazooka, die ich abgefeuert habe. Da wußte ich noch nicht, wie man damit umgeht. – Jede Narbe sagt, was war. Sie sagt nicht, warum. Die Bücher sagen, warum."

„Ich danke dir", sagte der Lehrer.

Alle, die im Kreis saßen, nickten.

Nur die kleinen Kinder rannten herum, und eine alte Frau war hockend eingeschlafen. Ihr Kopf wackelte.

Diallo spürte eine große Wärme im Bauch, als er den Großvater ansah. Vor einem Jahr hatte der Großvater noch gesagt: ich will nicht lesen lernen. Ich bin zu alt, hatte er gesagt. Er hatte zum Wald hinübergeblickt. Dort wohnten die Geister, die den Menschen Krankheit und Unglück brachten, die die Saat vernichteten und die Rinder sterben ließen. Die machten, daß die Haut zu jucken begann, daß der ganze Körper anschwoll und schmerzte und die Menschen ausgelaugt waren; zu schwach, um zu arbeiten. Ich gehe bald zu den Ahnen, hatte der Großvater gesagt. Die Ahnen haben nicht gelesen.

Jetzt aber hatte der Großvater gelesen, daß die Krankheit nicht von den Geistern kam, sondern von Würmern.

Diallo hätte gern gefragt, ob in dem Buch ein Zauber war, stärker als die Geister.

Ein Mückenschwarm sirrte über ihren Köpfen. Immer wieder hörte man lautes Aufklatschen, wenn einer nach einer Mücke schlug, die sich auf ihn gesetzt hatte. Die Sonnenstrahlen fielen schon schräg. Die Pfützen leuchteten rot. Bald würde es finster sein.

Eine Frau bat den Großvater: „Liest du uns das noch einmal?"

„Ja, lies das noch einmal", stimmten die anderen zu.

Der Großvater wischte sich mit dem Handrücken über die Lippen, atmete tief ein und las: „Die Krankheit, die uns plagt, heißt Bilharzia. Sie wird durch Würmer gebracht. Die Würmer sind klein. Die Würmer sind so klein, daß wir sie mit den Augen nicht sehen können. Sie schwimmen in den Flüssen."

Eine Frau unterbrach den Großvater: „Wenn keiner die Würmer sieht – wieso weiß man dann, daß es Würmer sind? Würmer, und keine Geister?"

Der Lehrer sagte: „Man kann sie sehen. Durch eine besondere Art von Glas, die alles tausendmal größer zeigt." Er zog ein rundes Glas aus der Tasche. „Das ist eine Lupe, nicht so stark wie das Glas, von dem ich gesprochen habe." Er brach ein Blatt ab, und hielt die Lupe darüber. Einer nach dem anderen trat vor, um durchzublicken.

Als Diallo an die Reihe kam, sah er zwischen den Rippen und Adern des Blattes feinere Rippen und feinere Adern. Er schob die Lupe weg. Die Rippen waren nicht mehr zu sehen. Er hielt die Lupe wieder über das Blatt. Sie waren wieder da, dick und hochstehend wie die Sehnen an den Unterarmen der Männer.

„Hast du die Würmer gesehen?" fragte ein Mann den Lehrer.

„Ich habe sie gesehen."

„Und Geister hast du nicht gesehen?"

„Nein, Geister habe ich nicht gesehen."

Irgendjemand klatschte in die Hände. „Würmer, nicht Geister! Würmer, nicht Geister!"

Einige klatschten mit.

„Wer fürchtet sich vor Würmern!" rief eine Frau.

Der Großvater richtete sich auf. „Wenn die Würmer die Krankheit bringen, die" – er runzelte die Stirn – „die . . . Bilharzia, dann muß man gegen die Würmer kämpfen."

Ein alter Mann fragte den Großvater: „Willst du mit der Bazooka schießen auf Würmer, die du nicht sehen kannst?"

Alle lachten. Die Alte, die geschlafen hatte, fuhr hoch und fragte verwirrt: „Wie? Was?"

Sie lachten immer lauter, sie schlugen sich auf die Schenkel, oder dem Nachbarn auf die Schulter.

„Nicht Geister, nur Würmer!"

Eine Frau, deren kleiner Sohn an der Krankheit gestorben war, starrte vor sich auf den Boden.

Diallo konnte sich gut vorstellen, was sie dachte. Er meinte, die Würmer zu sehen, die sich schlängelten und in ihr Kind hineinkrochen. Es schüttelte ihn.

„Lies weiter", sagte jemand zum Großvater.

Der Großvater las: „Die Würmer schwimmen in den Flüssen. Wenn ein Mensch ins Wasser steigt, dringt ein Wurm in seine Haut ein. Davon brennt die Haut. Der Wurm lebt dann im Blut. Er vermehrt sich dort. Im Kot des Menschen sind wieder Würmer. Diese Würmer kommen ins Wasser und stecken andere Menschen an, die darin baden oder davon trinken." Der Großvater hielt das Buch nahe an die Augen. Es war schon fast dunkel. Die Geräusche im Wald wurden lauter.

„Was kann man tun gegen die Würmer?" fragte einer.

„Es hilft nicht, wenn wir wissen, daß sie im Wasser sind", sagte eine Frau. „Wir brauchen das Wasser."

Die Frau, deren Kind gestorben war, blickte auf. „Wenn die Würmer im Kot sind . . . dann ist es falsch, seinen Haufen dort hinzusetzen, wo ihn das Wasser wegspülen kann."

Einige schüttelten die Köpfe und ließen die Zunge gegen die Zähne schnalzen. Es schickte sich nicht, so zu sprechen, fanden sie.

Der Lehrer aber sagte: „Du hast recht. Das ist wichtig. Wir müssen Latrinen bauen. Damit sich die Krankheit nicht weiter ausbreitet."

„Wenn wir das Wasser kochen, sterben dann die Würmer?" fragte jemand.

„Totes Wasser willst du trinken?" fragte eine alte Frau entsetzt.

Das Auto, das den Lehrer abholen kam, hupte.

„Gibt es auch Medizin gegen die Würmer?"

„Ja", sagte der Lehrer.

„Steht darüber auch im Buch?"

Der Lehrer nickte. Das Auto hupte wieder, und länger.

„Nächstes Mal werden wir weiterlesen", sagte der Lehrer.

„Das werden wir!" riefen viele gleichzeitig.

„Wir werden weiterlesen, und wir werden Medizin kaufen. Wir werden die Krankheit loswerden."

Der Lehrer verabschiedete sich. Die Frösche quakten laut. Die Scheinwerfer des Autos schnitten Hütten und Bäume aus der Dunkelheit. Der Großvater lächelte Diallo an. „Es muß nichts so bleiben, wie es ist", sagte er.

Was habt ihr denn erwartet,
als ihr dem Schwarzen den Knebel aus dem Mund nahmt?
Daß er euer Lob anstimmen würde?
Diese Köpfe,
die von unseren Vätern bis zur Erde niedergebeugt worden sind,
glaubtet ihr denn, daß,
wenn sie sich einmal aufrichten,
in ihren Augen Verehrung und Anbetung zu lesen sein wird?
Es sind Menschen, die sich aufgerichtet haben
und uns anschauen,
und ich wünsche euch,
daß ihr wie ich die Betroffenheit spürt,
die darin liegt, angeschaut zu werden.

(Jean-Paul Sartre)

ZENTRALAFRIKANISCHES KAISERREICH

Sonne und Mond

Ich kenne meinen Vater, meine Mütter und meine beiden Schwestern. An die Geburt meiner jüngeren Schwester erinnere ich mich noch genau: Man brachte meine Mutter in eine andere Kammer. Ich schlief ein, und als ich wieder erwachte, hörte ich ein Baby schreien.

Ich kenne unser Dorf Biguene. Es besteht aus etwa dreißig Lehmhäusern, die sich in einem Kreis aneinanderreihen. Ich kenne die Leute, die in unserem Dorf leben, vor allem aber meine Spielgefährten.

Ich kenne die Wege, die durch die Kaffeefelder führen, denn auf ihnen laufen wir jeden Tag in den Wald. Der dichte Wald rund um das Dorf gibt uns Schutz. Im Wald spielen wir Verstecken, wir halten Schießwettbewerbe mit Pfeil und Bogen ab, wir legen im Unterholz Rattenfallen. Wenn es regnet, machen wir eine Schlammschlacht.

In der Nacht, vor allem dann, wenn der Mond Sonne spielt, singen und tanzen wir; der Gesang wird mit Händeklatschen begleitet. Oder wir erzählen einander Märchen wie dieses:

Die Sonne und der Mond waren gute Freunde. Beide strahlten gleich hell, so daß es niemals Nacht wurde und die Welt immer hell war. Eines Tages schlug die Sonne dem Mond vor: „Gehen wir doch einmal schwimmen!“ An der Stelle, an der sie ins Wasser wollten, gab es zwei große Felsen. Die Sonne meinte: „Wir wollen uns auf die Felsen stellen und dann ins Wasser springen.“ Sie zählte bis drei – und der Mond sprang ins Wasser. Die Sonne aber blieb auf dem Felsen stehen und lachte. Sie war der Sieger. Von nun an leuchtete sie heller als der Mond, der durch den Sprung ins Wasser viel Licht verloren hatte.

Es ist schon spät. Ich nehme meine Schwester an der Hand, und wir entfernen uns leise von der Gruppe.

„Wohin geht denn das Ei?“ höre ich meine Spielgefährten fragen.

„Nach Hause, zu seiner Mutter, wie immer!“ sagt einer. Alle lachen.

„Das Ei läuft heim! Damit keiner ihm etwas tut!“ Dann lachen sie wieder.

Im Weitergehen höre ich ihren Gesang und ihr Händeklatschen.

„Das Ei“ ist mein Spitzname; so nennt man bei uns jemanden, der von seiner Mutter verhätschelt wird.

Mich stört das jetzt nicht. Ich freue mich auf das Heimkommen.

Meine Mutter hat schon auf mich gewartet und nach mir gerufen. Meine andere Mutter steht im Haus und trägt meine jüngere Schwester auf dem Rücken, obwohl es nicht ihr leibliches Kind ist; sie zerstößt Maismehl in einem Mörser und singt dabei. Meine älteste Mutter sitzt neben dem Feuer und bereitet das Abendessen für die Familie.

Der Mond steht niedrig, seine Strahlen dringen ins Haus und geben dem Raum mehr Licht als die Petroleumlampe. Meine Mutter deutet zum Mond hinauf: „Siehst du dieses Bild? Heute ist es besonders deutlich!"

Der Himmel ist voll glitzernder Sterne, die sich zu bewegen scheinen. Ich erkenne das Bild auf dem Mond, das meine Mutter meint: Es ist die Gestalt einer Frau, die ein Kind auf dem Rücken trägt.

„Warum steht die Frau immer dort oben?" frage ich.

„Damit man sie gut sieht. Alle Menschen müssen sie sehen, auch die Kinder. Sie ist die Gestalt des Lebens. Sie zeigt uns, wie eine gute Mutter sein soll. Mutter und Kind sind unzertrennlich. Diese Frau auf dem Mond bedeutet Wärme. Sie ist uns allen Vorbild: eine lächelnde, schützende, gute Mutter mit ihrem Kind auf dem Rücken."

Ich blicke lange hinauf.

Als der Vater nach Hause kommt, verstummen wir alle. Er ist mit Freunden im Nachbardorf gewesen und riecht nach Maisschnaps. Wenn er etwas betrunken ist, kann es leicht zu Streit kommen. Aber heute will mein Vater nur essen und dann schlafen.

(Wie viele Tage sind vergangen wie dieser – wie viele fröhliche Tage und Abende? Wir haben sie nicht gezählt. Für uns Kinder gab es keine Zeit, keinen Zwang. Ich erinnere mich nur an unsere Spiele und an die kleinen Dienste, die wir hin und wieder auf Verlangen für die Eltern taten. All die Zeit hindurch waren wir frei von Pflichten, glücklich und sorglos . . .)

Ein Mann hat viele Gegner im Wald

Mein Vater fordert mich auf, ihn in den Wald zu begleiten. Er will nachsehen, was seine Antilopenfallen machen. Er gibt mir ein Buschmesser und nimmt seine Lanze.

Lange gehen wir, er voran, ich hintendrein. Zwei Bäche haben wir bereits durchquert. So tief im Wald bin ich noch nie gewesen! Wie dicht die Bäume hier stehen! Wie laut es hier ist! Die Äste der Bäume ächzen und quietschen im Wind. Vögel kreischen, kleine Affen springen von Baum zu Baum und lassen angebissene Früchte auf uns herunterfallen.

Ich bin schon einige Male ausgeglitten und gefallen. Mein Vater geht sehr schnell. Vielleicht möchte er, daß auch ich lerne, so schnell zu gehen wie ein Mann? Plötzlich zuckt er zusammen und geht nur noch ganz langsam. Er zieht mich zu sich: „Verhalte dich ruhig, sehr ruhig!" sagt er leise und starrt auf einen

Fleck im Unterholz. Ich blicke auch dorthin und sehe einen Löwen. Ich presse mich so fest an meinen Vater, daß er kaum gehen kann.

„Keine Angst!" flüstert er. „Gehen wir weiter und tun wir, als hätten wir ihn nicht gesehen!"

Der Löwe liegt ruhig neben einem Baum. Seine Mähne ist dicht und prächtig. Er hat uns entdeckt, aber er rührt sich nicht. Wir entfernen uns von ihm, geraten aus seinem Blickfeld. Mein Vater sagt: „Löwen sind nicht angriffslustig. Wenn sie nicht selbst angegriffen werden und wenn sie satt sind, tun sie den Menschen nichts."

Mein Vater gibt mir weiteren Unterricht: „Im Wald mußt du immer auf der Hut sein! Ein Mann hat viele Gegner im Wald. Du darfst niemals zeigen, daß du Angst hast! Ein Mann hat nie Angst! Weder vor einem Tier, noch vor einem anderen Mann! Vorhin, da hättest du uns beinahe verraten: Du hättest dem Löwen gezeigt, daß du Angst hast."

Schweigend gehen wir weiter. Plötzlich gibt mein Vater mir ein Zeichen. Erschrocken bleibe ich stehen und glaube, es sei schon wieder ein Löwe in der Nähe. Den Ermahnungen meines Vaters zum Trotz zittere ich vor Angst am ganzen Körper. Doch diesmal ist es kein Löwe, sondern eine große braune Antilope. Mein Vater legt die Lanze an und wirft sie mit aller Kraft. Er verfehlt das Tier aber; die Antilope läuft davon.

Verärgert macht sich mein Vater daran, die Fallen zu kontrollieren. Aber nur ein Stacheltier hat sich darin gefangen – das ist die ganze Ausbeute dieses Tages.

Als wir bei Anbruch der Dunkelheit ins Dorf zurückkommen, ist mein Vater mürrisch. Ich selbst bin viel zu erschöpft, um zu sprechen.

Gefahr!

Heute soll ich mit Michèle, meiner älteren Schwester, angeln gehen. Als ich aufwache, liegt mein Vater noch im Bett, aber er hustet, damit ich weiß, daß er nicht mehr schläft und daß ich aufstehen kann.

Ich gehe zum Haus meiner Mutter. Meine Schwester holt bereits Wasser vom Brunnen; meine Mutter macht sich bereit: Bald wird sie mit meinem Vater aufs Feld gehen. Ich nehme meine Angel, meine Schwester nimmt das Fischfangnetz. So ist es die Regel: Frauen fischen mit dem Netz, die Angel ist nur für Männer bestimmt. Die Söhne und Töchter des Nachbarn kommen, und gemeinsam machen wir uns auf den Weg. Der Fluß ist weit vom Dorf entfernt. Wir haben Proviant für den ganzen Tag mit.

Singend und lachend gehen wir durch den Wald. Ich denke weder an Löwen noch an andere Gefahren.

Plötzlich wird unser Lärm von einem unheimlichen Gebrüll übertönt. Jetzt verstummen wir – der ganze Wald scheint totenstill. Das Gebrüll kommt näher und näher. Noch nie habe ich eine so gewaltige Stimme gehört.

„Ein Gorilla!" flüstert Jerôme, der Sohn des Nachbarn.

Wir machen kehrt und laufen blindlings in die Richtung des Dorfes zurück. Meine Schwester greift nach meiner Hand. Als das Gebrüll wieder hinter uns ertönt, stolpert sie über eine Wurzel und bleibt einfach liegen. Sie ist ohnmächtig geworden. Jerôme versucht, sie aufzurichten, aber ihre Beine geben nach, und er muß sie schleppen wie eine Betrunkene.

„Wir müssen dem Gorilla Angst einjagen!" sagt er. „Wir müssen schreien und an die Bäume schlagen! Wir müssen so viel Lärm machen, wie wir nur können!" Er hat bereits Erfahrung mit Gorillas.

Jeder von uns nimmt einen Stock, und wir schlagen gegen die Baumstämme und auf die Fischbehälter aus Aluminium, die wir mit uns tragen. Wir machen einen ungeheuren Lärm. Als wir endlich innehalten, ist das Gebrüll nicht mehr zu hören.

Wir kehren ins Dorf zurück. Niemand will länger im Wald bleiben, keiner hat mehr Lust, fischen zu gehen. Meine Schwester ist immer noch völlig verstört. Im Dorf treffen wir Leute, die zur Feldarbeit gehen. Sie sind erstaunt, daß wir schon zurück sind. Man sieht uns die überstandene Angst an. Jerôme erzählt vom Gorilla. Die Leute glauben uns, aber niemand zeigt Mitleid. Das wäre unpassend.

(Dieses Erlebnis ging mir viele Tage lang nicht aus dem Kopf. Vor allem die Ohnmacht meiner Schwester hatte mich bestürzt. Wie eine Tote lag sie auf dem Weg! Manchmal glaubte ich, wieder das schreckliche Gebrüll zu hören. Der Wald war mir noch unheimlicher geworden . . .)

Der Ritus

Mein Vater beobachtet mich aufmerksam. Er will nicht, daß ich Angst habe. Und ich bemühe mich, meine Angst nicht zu zeigen. Aber ich weigere mich oft, mit ihm oder mit meiner Mutter in den Wald zu gehen.

Eines Tages ruft mich der Vater zu sich. Schon als ich zu seinem Haus gehe, habe ich Angst.

„Jetzt bist du bald neun Jahre alt", sagt er, „und noch immer benimmst du dich wie ein Kind. Du mußt aber lernen, zu sein wie ein Mann! Du mußt lernen, zu arbeiten, mit den Dorfältesten zu sprechen, anderen Dörfern einen Besuch abzustatten und vieles dergleichen. Auch habe ich schon an deine zukünftige Braut gedacht. In ein paar Wochen werde ich ihren Eltern die Sicherungsgabe bringen, damit sie das Mädchen für dich vorsehen."

Er erwartet, daß ich ihm danke, und ich danke ihm. Dann spricht er weiter: „Nun sende ich dich in eine Schule, die für Jungen deines Alters bestimmt ist. Aus dieser Schule kommst du als reifer und kluger Mann zu deinem Vater zurück. Und ich werde stolz auf dich sein. Danach wirst du in einer anderen Schule auch lesen und schreiben lernen. Aber zuvor mußt du in diese Schule gehen! Morgen wirst du vom ältesten Sohn des Dorfhäuptlings abgeholt. Du wirst gemeinsam mit den anderen Jungen deines Alters an einen schönen Ort geführt werden.

Erwachsene werden mit euch gehen und euch alles erklären. Sie werden euch alles geben, was ihr braucht."

Noch einmal danke ich meinem Vater. Ich beginne schon, mich auf diese Schule zu freuen. Mit dieser Vorfreude schlafe ich ein.

Als ich erwache, ist Lärm vor unserem Haus und vor den Nachbarhäusern. Das ganze Dorf scheint auf den Beinen zu sein. Ich treffe die anderen Jungen auf dem Versammlungsplatz. Die Erwachsenen, die mit uns gehen, geben uns Säcke zu tragen; wahrscheinlich enthalten sie Proviant.

Wohin gehen wir überhaupt? Wo ist diese Schule? Wie lange werden wir dort bleiben? Das alles hat mein Vater nicht gesagt. Die anderen Jungen wissen es auch nicht. Und die Erwachsenen antworten nicht auf unsere Fragen.

Schweigend gehen wir durch den Wald. Am Nachmittag erreichen wir eine Lichtung. Hier bin ich noch nie gewesen. Neben einer großen Hütte stehen drei kleinere. Die große Hütte ist für uns Jungen. Sie ist leer, nur ein paar Strohmatten liegen auf dem Boden.

„Es wird noch heute geschehen!" sagt ein alter Mann aus unserem Dorf. Er spricht streng. „Was denn?" fragt einer von uns.

„Du hast hier keine Fragen zu stellen, du halbes Mädchen! Warte, bis ich dich zu einem richtigen Mann gemacht habe! Ich werde dir das wegschneiden, was dich schwach und weibisch macht. Danach bist du ein Mann!"

Auf einmal wird uns klar, in welcher „Schule" wir uns befinden. Plötzlich hasse ich meinen Vater, weil er mir etwas vorgelogen hat. Wir alle haben Angst. Einige von uns weinen sogar.

Flüsternd beraten wir, ob wir davonlaufen sollen. Aber wir sind weit weg von unserem Dorf, und wir kennen den Weg nicht.

Und dann merken wir, daß wir in unserer Hütte eingeschlossen sind. Von draußen hören wir nun lautes Trommeln.

Die Männer singen, wir hören auch Tanzschritte.

Wir warten.

Dann wird die Türe geöffnet. Die Männer holen Pierre, den jüngsten Sohn des Dorfhäuptlings. Bald darauf hören wir ihn mit aller Kraft schreien, dann nur noch schluchzen.

Wieder geht die Türe auf. Diesmal bin ich an der Reihe.

Ich sehe die Männer in der Mitte der Waldlichtung stehen. Einer, der Älteste, trägt eine Tiermaske mit langem Schädel. Zwei andere packen mich.

„Die Hose herunter!" höre ich den alten Mann mit der Maske herrisch rufen.

Und schon ist die Beschneidung geschehen.

Auch ich habe geschrien, und auch ich weine, als sie mich wegführen. Sie bringen mich zu einem großen Feuer. Dort steht auch der jüngste Sohn des Dorfhäuptlings. Ein Junge nach dem anderen wird zum Feuer geführt. Als alle beschnitten sind, kommt der Älteste zu uns.

„Ich habe euch zu Männern gemacht!" sagt er. „Wir bleiben sechs Wochen im Wald. Das ist die Schulzeit. Ihr werdet hier alles lernen, was wichtig ist."

(Was wir gelernt haben? Musik und Rhythmus. Verschiedene Handwerksarbeiten, vor allem Flechten und Schnitzen. Die Erwachsenen erzählten uns, wie Kinder gezeugt und geboren werden. Sie nannten uns die Aufgaben des Mannes im Leben. Sie lehrten uns, mutig zu sein: Sie erzählten uns Geschichten vom Wald, einem Wald, der furchtbarer ist als jener, in dem Löwen und Gorillas hausen, einem Wald, der bevölkert ist von Geistern und ruhelosen Seelen. Und in diesen Wald schicken sie uns, einen nach dem anderen. In diesen Geisterwald mußte auch ich in der Nacht, bei völliger Dunkelheit, gehen und aus einem Fluß Wasser schöpfen. Das Wasser mußte ich zurückbringen, zum Zeichen, daß ich wirklich am Fluß gewesen war.

Ich bin in den Wald gegangen und habe das Wasser geholt und bin wieder zur Lichtung zurückgekehrt, und jeder Augenblick war von Angst erfüllt. Aber ich habe es überstanden . . .)

Jetzt kommt die letzte Zeremonie: Wir müssen Schweigen geloben über das, was uns erzählt wurde.

„Ihr dürft niemals zu Unbeschnittenen oder zu Frauen darüber sprechen! Furchtbares wird geschehen, wenn ihr es erzählt – ihr werdet eine Hand verlieren, oder die abgeschnittene Haut wächst wieder an! Dann verliert ihr die Würde des Mannes und werdet wie Frauen. Vergeßt nicht, daß ihr euch von nun an immer wie Männer verhalten müßt! Im Denken, im Bewußtsein, bei der Arbeit! Beschützt eure Frauen, Kinder und Schwestern!“

Jetzt ist alles vorbei. Und ich denke: „Nun bin ich ein Mann.“

Wir kehren ins Dorf zurück und werden festlich empfangen. Wir sind alle sehr stolz.

TANSANIA

Keine Schule für Sara

Das Mittagessen ist zu Ende. Es hat Milipapp gegeben, wie jeden Tag. Sara und Elisabeth wischen die Tische ab. Alle Kinder setzen sich an ihre Hausaufgaben. Schwester Franziska geht von einem zum andern, lobt, tadelt, hilft, wo es nötig ist.

Sara greift über den Tisch und nimmt Elisabeths Rechenbuch. Die beiden Freundinnen sind gleich alt, gehen in die gleiche Klasse – aber in verschiedene Schulen. Elisabeth ist ein Mischling und geht in eine Mischlingsschule. Sara ist eine Nama und geht in eine Namaschule.

„Komm bitte her und sieh dir das an!" ruft Sara. „In Elisabeths Schule lernen sie andere Sachen als bei uns. Schwerere als wir. Die glauben wohl, wir sind zu dumm dafür, weil wir schwarz sind? Aber ich bin nicht zu dumm! Elisa hat mir ein paar Aufgaben erklärt, und ich habe sie gleich verstanden. Stimmt's?"

Elisabeth nickt.

Schwester Franziska nickt auch.

„Warum machen sie das mit uns?" fragt Sara. „Und glaubst du, daß die Kinder in der weißen Schule noch mehr lernen als in Elisas Schule?"

„Ja", sagt Schwester Franziska. „In der weißen Schule lernen sie am meisten."

„Das ist ungerecht", sagt Elisabeth.

„Das ist eine Gemeinheit", sagt Sara. „Sie tun so, als ob wir zu dumm wären, dasselbe zu lernen wie sie. Sie lassen uns weniger lernen, damit wir dumm bleiben. Sie haben sicher Angst, daß wir so klug werden könnten wie sie."

Schwester Franziska legte ihre schwarze Hand auf Saras schwarzes Kraushaar. „Eines Tages", sagt sie, „werden wir das ändern. Wenn wir Farbigen endlich in diesem Land zu bestimmen haben, dann werden alle Kinder in dieselben Schulen gehen."

„Wann wird das sein?" fragt Sara.

„Bald!" sagt Schwester Franziska.

Die Sonne steht schon tief über der fernen Hügelkette. Trotzdem ist es noch immer heiß. Die rote Erde glüht kupfern. Im Farmhaus drüben, wo der Baas, der Herr, wohnt, läuft atemlos eine Frau auf die Hütten der Schwarzen zu. Das Baby im Tragtuch auf ihrem Rücken wird hin und her gerüttelt und geschüttelt.

Ein kleines schwarzes Mädchen läuft der Frau entgegen.

„Mama! Gut, daß du kommst, Mama!"

„Was ist passiert?"

Die Kleine berichtet aufgeregt, daß Sam sich einen Dorn eingetreten hat. Der zweijährige Samuel sitzt unter dem Schattendach vor der Hütte und weint. Die Mutter zieht ihm den Dorn heraus, saugt die Wunde aus, wickelt einen Fetzen um den Fuß und tröstet ihn. Erst dann bindet sie das Tragtuch mit dem Baby ab. Mirjam möchte mit dem Baby spielen, aber die Mutter schickt sie aufs Weideland hinaus. Die zwei Ziegen müssen losgepflockt und zur Tränke geführt werden.

Mirjam geht, ohne zu murren. Sie ist verständig für ihre vier Jahre und hilft der Mutter, so gut sie kann. Mit dem Palmblattwedel fegt sie die Hütte sauber, kümmert sich um Sam, wäscht ihn, füttert ihn und versucht, ihm beizubringen, wie man aus Hirsebrei zwischen den Fingern runde Kugeln formt und sie in den Mund steckt. Mirjam kann das schon lange, aber der Bruder hat keine Geduld. Er ist lebhaft und neugierig und den ganzen Tag unterwegs auf seinen flinken braunen Beinen. Dauernd stellt er irgend etwas an, reißt die Töpfe und Schüsseln herunter, zerrt die Wäsche von der Leine oder verschwindet im Grasland zwischen den Binsen. Mirjam hat es schwer mit ihm.

Aber wer hat es denn nicht schwer hier in den Hütten, die dem Baas gehören – so wie ihm alles hier gehört? Nicht nur das Wellblechdach über dem Kopf und der Boden unter den Füßen und die Weide, auf der die Ziegen grasen: alles Land gehört ihm, Meilen und Meilen, und die Arbeitskraft der schwarzen Farmarbeiter gehört ihm auch.

Der kleine Sam ist stolz auf seinen Verband. Er hält den Fuß in die Luft und rutscht im Sitzen zu dem Baby hin, das auf seiner Matte liegt. Er streichelt es und kitzelt es, er rollt es behutsam hin und her, bis das Baby vor Freude gurgelt.

Die Mutter muß an die weißen Kinder im Farmhaus denken, die immer streiten und einander ärgern und kratzen und beißen. Die Größeren schlagen oft auf die Kleinen ein. Niemals könnte die weiße Herrin ihre Kinder allein lassen, wie sie es mit Mirjam und Samuel tun muß. Tagsüber ist sie drüben im Farmhaus als Küchenhilfe beschäftigt, acht Stunden Arbeit, so steht es im Vertrag. Zwischendurch stiehlt sie sich manchmal davon, um zu Hause nach dem rechten zu sehen. Trotz aller Verständigkeit ist Mirjam eben doch noch zu jung, um von morgens bis abends auf den kleinen Bruder aufzupassen. Die Nachbarn helfen aus, wenn sie können, aber denen geht es ja genauso wie ihr.

Die Mutter seufzt, dann schaut sie zu Sam und dem Baby hin und lächelt. Sam krabbelt mit den Fingern über den Babybauch bis unters Kinn und wieder zurück. Das Baby jauchzt.

Nächstes Jahr, denkt die Mutter, ist Mirjam fünf, ein großes Mädchen. Und Samuel ist drei und auch schon vernünftiger. Beide zusammen können dann auf das Baby aufpassen, und ich werde vielleicht drüben beim Baas eine bessere Arbeit bekommen, bügeln vielleicht, das wird etwas besser bezahlt als die Küchenarbeit. Und später, in noch einmal zwei Jahren, wird Mirjam in die Schule gehen . . .

Jemand schlingt die Arme um ihren Hals. Mirjam ist zurück. Sie sagt, daß die trächtige Ziege schon bald ihr Junges bekommen wird, so dick ist sie schon.

„Hast du den Papa gesehen?“ fragt die Mutter. „Lauf ihm entgegen! Er freut sich, wenn du beim Schattenbaum auf ihn wartest.“

Der Hirsebrei ist fertiggekocht, als Vater und Tochter in der Hütte anlangen. Die Mutter sieht sie kommen. Sie gehen langsam Hand in Hand, Mirjam zieht seinen Hirtenstab hinter sich her. Die Mutter sieht, wie müde der Vater ist. Seine Schultern hängen nach vorn, sein Gesicht ist zerfurcht. Die Mutter denkt: Heute ist etwas anders als gestern. Sein Schritt ist anders, seine Schultern hängen anders. Ist einem der Rinder etwas zugestoßen? Hat er Ärger mit dem Aufseher gehabt? Oder gar mit dem Baas?

Es dauert lange, bis sie alle gegessen haben, bis die Kinder zum Schlafen gebracht sind, bis die Nachbarn, die zum Plaudern herübergekommen waren, gegangen sind.

Die Eltern sitzen vor der Hütte. Am Himmel hängt ein schmaler Mond zwischen Millionen Sternen.

„Der Baas hat mich rufen lassen“, beginnt der Vater. „Es ist wegen dir.“

Die Mutter nickt. Sie ahnt, was jetzt kommt.

„Weil du so oft von der Arbeit wegläufst. Die Herrin hat sich beim Baas beklagt.“

Die Mutter nickt wieder. Die Herrin beklagt sich oft. Man kann es ihr schwer recht machen. Sie sagt, daß alle Neger faul sind, verlogen und diebisch. Jeden Tag zählt sie in der Speisekammer die Konservendosen, die Flaschen und Pakete, kontrolliert, wieviel Eier verbraucht sind, fragt, wer sich da wieder heimlich ein Brot genommen hat.

„Hast du ihm nicht gesagt, warum ich weglaufe?“ fragt die Mutter. „Daß ich nach den Kindern sehen muß und dann doppelt so schnell arbeite, damit ich die Zeit einbringe?“

„Ich habe es ihm gesagt. Aber der Baas sagt: Du bringst die Zeit nicht ein. Der Baas sagt: Im Kontrakt steht, daß du acht Stunden im Haus zu sein hast, aber du bist oft nur sechs Stunden da. Der Baas sagt: Wenn wir uns nicht an den Kontrakt halten, dann hält er sich auch nicht daran. Dann müssen wir gehen.“

„Das hat er gesagt?“

„Ja. Das hat er gesagt.“

„Was ist das für ein Mensch! Ein schlechter Mensch . . .“ Die Mutter schlägt die Hände vors Gesicht und weint.

„Nicht schlechter als andere. Sogar besser. Du weißt, daß auf anderen Farmen geprügelt wird und mit dem Sjambok gepeitscht. Das tut unser Baas nie. Er hat auch nichts von verjagen gesagt. Nur, daß wir unsere Hütte verlassen müssen und daß es noch andere Hirten gibt, die mit seinen Rindern umgehen können, und andere Frauen, die in der Küche arbeiten und nicht zwischendurch nach Hause laufen.“

„Der gute Baas!“ sagt die Mutter mit Bitterkeit. „Er verjagt uns nicht. Er befiehlt nur, daß wir die Hütte verlassen. Und wohin wir dann gehen sollen, das weiß er nicht, das ist ihm auch egal, und wenn wir verrecken, das ist ihm auch egal, dafür kann er nichts, es ist nicht seine Schuld, o nein, nur unsere eigene . . .“

Der Vater sitzt vornüber gebeugt. Er hat die Unterarme auf die Schenkel gelegt. Seine Hände baumeln zwischen den Knien.

„Und du?“ fragt die Mutter. „Du hast nichts gesagt? Hast nicht versucht, ihn umzustimmen?“

„Doch. Ich habe ihm gesagt, daß unsere Tochter Mirjam und unser Sohn Samuel bald groß genug sind, um allein zu bleiben. Aber daß unser Samuel eben ein sehr munteres Kind ist und sich ein Erwachsener wenigstens hin und wieder um ihn kümmern muß. Ich habe ihm gesagt, daß er doch selbst ein Vater ist und weiß, wie munter Kinder sind – aber das war ein Fehler. Das hätte ich nicht tun sollen, seine Kinder und unsere Kinder vergleichen ...“

Die Mutter lacht bitter. „Seine haben die richtige Hautfarbe und unsere die falsche!“

„Er hat nur gesagt, daß ihm Samuels Munterkeit bekannt ist. Seine Frau hat ihm erzählt, was er in der Küche angestellt hat.“

Vor einigen Wochen war Mirjam krank gewesen, und weil die Mutter nicht wußte, wohin mit Sam, hatte sie ihn in ihrer Not mitgenommen und mit Mama Baibi, der Köchin, ausgemacht, daß sie ihn ein paar Tage unbemerkt herumkrabbeln lassen würden, bis Mirjam wieder gesund war. Mama Baibi hatte selbst ein halbes Dutzend Kinder großgezogen. Sam bekam von ihr Obst und Kuchen und war begeistert. Noch begeisternder aber fand er es, sich seine Genüsse selbst zu beschaffen. In einem unbewachten Augenblick lief er in die Speisekammer und richtete dort Unheil an. Eine Schüssel mit ausgelösten Erbsen zerklirrte am Boden, eine Flasche mit Himbeersaft folgte. Die Erbsen rollten nach allen Seiten, hellgrün im dunkelroten Himbeersaft-See. Genau in diesem Augenblick kam die Herrin in die Küche. Mama Baibi schob Sam kurzerhand in die Besenkammer und sagte, das Unglück mit den Erbsen und der Flasche sei ihr selbst passiert, aber die Herrin glaubte ihr nicht. Sie holte den weinenden Samuel aus der Besenkammer und fuhr die Mutter an, es sei doch, weiß Gott, genug damit, wenn sie das Baby ständig bei der Küchenarbeit herumschleppe. Ob denn hier ein schwarzer Kindergarten eröffnet werden solle. Sie verbot Sam und allen schwarzen Kindern das Farmhaus. Sie zog der Mutter die Schüssel und den Himbeersaft vom Lohn ab. Und sie berichtete dem Baas ausführlich von dem Vorfall.

„Seit damals will sie mich loswerden“, sagt die Mutter. „Wenn Mama Baibi mich nicht beschützte ...“

Der Vater legt den Arm um ihre Schultern.

Eine Weile sitzen sie stumm. Die Mutter spürt, daß er noch nicht zu Ende ist mit dem, was er ihr sagen muß. Sie versucht, ihm zu helfen.

„Der Baas hat uns also gedroht. Wenn ich mich nicht bessere, dann müssen wir fort. Und das war sein letztes Wort?“

„Nein. ‚Du hast doch eine größere Tochter‘, hat er gesagt. ‚Ihr habt sie in die Schule geschickt. Hol sie heim. Sie soll auf die jüngeren Kinder aufpassen.‘ “

„Sara?“ sagt die Mutter. „Sara bleibt in der Schule! Sie lernt gut. Pater Benedikt und Schwester Franziska sagen beide, daß sie ein gescheites Mädchen ist. Man kann sie von dort nicht wegnehmen.“

„Doch. Man kann – sagt der Baas. Es gibt kein Gesetz, daß Sara in die Schule gehen muß. Auch wenn sie einen Freiplatz im Heim hat. Das Gesetz gilt nur für Weiße. Wenn ich hinfahre, muß der Pater sie mir geben."

„Du redest, als würde Pater Benedikt sie mit Gewalt dort halten! Als wären wir nicht glücklich gewesen, du und ich und Sara, daß sie dort sein und lernen darf!"

Der Vater nickt. Ja, sie waren froh gewesen. Aber der Baas hatte gesagt: Sara ist nur ein Mädchen. Mit vierzehn oder fünfzehn heiratet sie und verläßt dein Haus und folgt ihrem Mann und bekommt Kinder und kümmert sich nur noch um ihre eigene Familie.

„Der Baas hat gesagt . . ."

„Der Baas! Der Baas!" Die Mutter schüttelt den Arm des Vaters ab. „Als er damals hörte, daß Sara in die Schule kommt, war er gleich dagegen. Die Weißen wollen nicht, daß wir Schwarzen etwas lernen."

„Wir werden Samuel hinschicken, wenn es soweit ist", sagt der Vater. „Ich werde den Pater bitten, daß er ihm Saras Platz aufhebt. Söhne bleiben in der Familie und sorgen für ihre alten Eltern."

Auch das hatte der Baas gesagt.

Der Vater steht auf. Es ist Zeit, schlafen zu gehen. Der Tag eines Hirten beginnt früh.

„Nächste Woche hole ich sie heim. Es ist wichtig, daß wir unsere Arbeit behalten, unsere Hütte, unser Leben hier. Viel wichtiger, als daß Sara ein studiertes Mädchen wird, in die Stadt geht und uns einmal im Jahr besuchen kommt. Du weißt ja – wer in die Schule geht, will in die Stadt und will nicht mehr zurück aufs Land."

„Sara ist eine gute Tochter", murmelt die Mutter. „Sie wird uns Geld schikken."

„Vielleicht. Vielleicht auch nicht. Es bleibt dabei: Ich hole sie."

Er geht in die Hütte.

Die Mutter folgt ihm.

Sie denkt: Was ist nur aus ihm geworden? Als wir heirateten, hat er davon gesprochen, daß die neue Zeit anbricht. Daß wir Schwarzen unser schwarzes Land selbst besitzen und selbst bebauen werden. Und daß die Weißen zurückkehren müssen in ihr weißes Land, wo sie hergekommen sind. Wie stolz und mutig hat er damals gesprochen! Wir werden kämpfen, hat er gesagt. Wir werden unsere Kinder in die Schule schicken, hat er gesagt. Wer lesen und schreiben und rechnen kann, der ist besser gerüstet für den Kampf. Wir werden wie Menschen leben, hat er gesagt. Wir werden uns nicht mehr ducken vor dem Baas, hat er gesagt. Und jetzt – jetzt ist er ein gebrochener Mann.

„Früher hast du anders geredet", sagt sie.

„Ja, früher!"

Sara weint, als sie hört, daß sie aus dem Heim und aus der Schule fortmuß. Daß sie nicht weiterlernen darf und Lehrerin werden, wie sie es sich gewünscht hat.

Sie hat ihre Familie lieb. Sie umarmt den Vater, als er sie im Zimmer von Pater

Benedikt begrüßt, sie fragt, wie es der Mutter geht und Mirjam und Samuel und dem Baby. Dabei laufen ihr die Tränen über die Wangen.

„Hier hast du deine Hefte“, sagt Schwester Franziska. „Nimm sie mit. Vergiß nicht, was du gelernt hast. Vielleicht kannst du später wieder zu uns kommen. Wir halten deinen Platz frei, Sara.“

Pater Benedikt legt ein Buch zu den Heften.

„Das schenke ich dir, Sara. Es wird dir gefallen. Abends, wenn du mit der Arbeit fertig bist, lies darin . . .“

„Abends ist es dunkel“, sagt Sara. „Wir haben kein Licht in der Hütte. Pater Benedikt nimmt ein Paket Kerzen aus dem Schrank. „Nimm sie, Sara. Und wenn sie zu Ende sind, schreib uns oder komm selbst und hole dir neue.“

Schwester Franziska macht ein Paket aus Saras Sachen: die Kleider, die Hefte, die Kerzen.

Sie küßt Sara und winkt ihr lange nach, als sie mit dem Vater davongeht. Dann wendet sie sich an Pater Benedikt:

„Brot stehlen ist verboten. Wer Brot stiehlt, wird bestraft. Aber uns stehlen diese weißen Herren die Kinder!“

Pater Benedikt sagt nach einer langen Pause: „Die Zeit kommt, wo keiner mehr schwarze Kinder wegholen darf.“

„Und wann?“ fragt Schwester Franziska.

„Bald“, sagt Pater Benedikt.

„Any action that gives people more control of their own affairs is an action for development, even if it does not offer them better health or more bread.

Any action that reduces their say in determining their own affairs or running their own lives in not development and retorts them, even if the action brings them a little better health and a little more bread.“

(Aus den Richtlinien der TANU, der „Tanzanian African National Union“, der Staatspartei Tansanias.)

SAHELZONE

Was übrigbleibt

Als die ersten zerbeulten Ölfässer auftauchten und die Straße zu säumen begannen, wußten sie, daß die Stadt nicht mehr weit sein konnte. Und bald spürte der Junge auch den harten Asphalt unter den nackten Zehen. Er war heiß, heißer als der trockene Sand, und er kratzte an den Sohlen.

Der Junge war müde, zumindest so müde wie der alte Mann, der neben ihm ging. Müde und hungrig war er, und sein Mund war trocken. Er hatte längst den Versuch aufgegeben, die Zunge einzuspeicheln und mit ihr über den ausgedörrten Gaumen zu streichen. Die Zunge war dick und geschwollen und pelzig.

Der Alte sprach nicht mehr mit ihm. Seit Tagen hatte er kaum ein Wort mehr gesagt. Er ging langsam, beinahe vornübergebeugt; schleppend, aber hartnäckig. Die leere Kalebasse schlug bei jedem Schritt gegen seine Hüftknochen und klapperte hohl.

„Wir haben es geschafft!" dachte der Junge. „Wir sind beinahe da."

Er blickte den Alten an, und der Alte blickte zurück, aber er sagte nichts, und er lächelte nicht, und er nickte nicht einmal.

Die Ölfässer standen jetzt abwechselnd rechts und links an der Straße, und sie waren schwarz-weiß lackiert. In einem riesigen Schlagloch lagen weiße Steine, dazwischen krümmten sich ein paar graue Halme.

„Hier wächst etwas", dachte der Junge. „Wir haben es geschafft."

Vor der ersten Hütte hockte eine alte Frau und blickte ihnen mißtrauisch entgegen. Sie sahen die Alte schon von weitem, und sie sah den Mann und den Jungen auf sich zukommen, aber es dauerte lange, bis die beiden die Hütte erreicht hatten.

Im Vorbeigehen klopfte der Alte an die leere Kalebasse. Gleich legte die Frau schützend die Hände über die gestampften Körner, die vor ihr auf dem Boden lagen. Sie spreizte dabei die Finger, um das Häufchen ganz zu bedecken.

Der Alte blieb nicht stehen; er wollte die Frau nicht beschämen.

„Wir haben es trotzdem geschafft", dachte der Junge. „In der Stadt wird es etwas zu essen geben und Wasser und Arbeit."

Ein Huhn lief über die Straße. Die Wellblechhütten standen eng aneinandergedrängt. Kinder kamen gelaufen, blieben in gebührendem Abstand stehen, schauten den beiden nach, steckten den Finger in den Mund und kicherten.

Die Sonne stand sehr hoch. Der rote Autobus mit den vergitterten Fenstern warf keinen Schatten. Auf der einen Seite fehlte das Kühlerblech. Der Motor war zu sehen.

Der Junge hätte gern den Motor aus der Nähe betrachtet, aber der Alte ging weiter.

Sie blieben erst stehen, als sie den Laden erreicht hatten. Er hatte gemauerte Wände, und von seinem Wellblechdach baumelte ein Schild.

Vor dem Laden standen Tische, und an den Tischen saßen Männer.

„Muraho", sagte der Alte. Guten Tag. Seine Stimme knarrte. Sie klang ungewohnt.

„Yego yee", antwortete einer der Männer gleichgültig. Er hatte eine alte Zeitung vor sich liegen und verscheuchte von Zeit zu Zeit damit die Fliegen, die sich immer wieder auf sein Glas setzten.

Das Glas war halb mit Wasser gefüllt, und der Junge starrte es an, und seine Zunge brannte.

Jetzt trat eine dicke Frau aus dem Laden. Als sie den Alten sah, blieb sie auf der Stufe stehen.

„Muraho", sagte der Alte.

„Yego yee."

Er löste die Kalebasse aus seinem Gürtel und hielt sie der Frau entgegen. Die Frau schüttelte den Kopf. Dort, wo ihr Bauch zu sehen war, begann das Fett zu schwabbeln.

Der Alte rührte sich nicht. In seiner ausgestreckten Hand zitterte die Kalebasse.

Die Männer lachten. Der mit der Zeitung trank sein Glas leer. Er hob es hoch, sperrte den Mund auf und ließ das Wasser hineinrinnen. Der Junge sah zu, wie das Wasser in dem geöffneten Mund verschwand, ohne daß ein Tropfen danebenrann.

Der Mann stellte das leere Glas auf die Zeitung, und die Fliegen setzten sich wieder darauf.

Der Alte hielt der Frau noch immer die Kalebasse entgegen. Seine Augen waren leer, sein Gesicht verriet nichts. Er war nicht trotzig, er schämte sich nicht, er bettelte nicht. Er zeigte einer fetten Frau seine leere Kalebasse.

Die Frau schnaubte unwillig, und daraufhin gab der Alte dem Jungen die Kalebasse, und der Junge trug sie zu der Frau hinüber, und sie nahm sie. Wieder schwabbelt das Fett an ihrem Bauch.

Als die Frau die Kalebasse zurückbrachte, war sie mit Bohnenbrei gefüllt. Der Junge hatte Schwierigkeiten, den vollen Kürbis zu halten; seine Finger waren steif und geschwollen.

Der Alte nahm die Kalebasse und hockte sich mitten auf der Straße nieder. Er begann mit den Fingern den Bohnenbrei zu löffeln. Die Männer lachten.

Als der Alte dem Jungen die Kalebasse weiterreichte, war der Boden kaum noch mit Brei bedeckt.

Es fiel dem Jungen schwer, zu essen. Er hatte Hunger, aber seine Finger waren steif, und der Mund war trocken. Es fiel ihm schwer, die Bissen zu schlucken.

Als der Junge gegessen hatte, stand er auf und ging zu den Tischen. Er nahm das leere Glas und trat damit in den Laden.

Hier war es dunkel und etwas kühler. Die dicke Frau stand vor der Wassertonne und schüttelte energisch den Kopf.

„Mura beho“, sagte sie.

Der Junge wagte es nicht, sich wie der Alte hinzustellen und trotzig das leere Glas zu zeigen. Er trug es zurück und stellte es wieder auf die Zeitung. Die Männer nickten und lachten.

„Yee, yee“, sagte einer.

Der alte Mann hatte die Kalebasse mittlerweile wieder an seinen Gürtel gebunden. Er führte die leere Hand zum Mund und verneigte sich vor der dicken Frau. Der Junge folgte seinem Beispiel nicht. Er war ihr böse, weil sie ihnen das Wasser verweigert hatte. Er nickte nur und sagte: „Mura beho.“

Die beiden gingen weiter. Am roten Autobus vorbei in die Stadt.

Die Sonne brannte sehr hoch. Die Stadt war heiß und kahl.

„Wir haben es geschafft“, dachte der Junge.

Als sie aufgebrochen waren von ihrem Dorf, einige Wochen zuvor, waren sie noch eine ganze Gruppe gewesen. Mehr als Finger an zwei Händen und Zehen an zwei Füßen.

Sie hatten das Dorf und die Schwerkranken zurückgelassen und die verendeten Tiere. Sie waren an den Kadavern vorbeigegangen, an den beiden Brunnen, die ohne Wasser waren, über die rissigen Felder, auf denen nichts mehr dörrte.

Zuerst hatten sie die Hühner geschlachtet, dann die drei Ziegen und zuletzt auch noch die vierte Ziege.

Tagelang geschah nichts. Der Boden war geborsten in der Trockenheit, und die harten Erdbrocken rissen blutige Schrammen in die Fußsohlen.

Einer nach dem anderen blieb zurück. Die einen starben in der Nacht, die anderen blieben liegen, weil sie sich am Morgen nicht mehr erheben konnten.

Der Junge hätte nicht sagen können, wie lange sie so gegangen waren. Er hätte nicht einmal sagen können, wie es gekommen war, daß eines Tages nur noch er und der alte Mann am Leben waren. In seiner Erinnerung schoben sich die Tage und Nächte ineinander, und was blieb, war nicht der Gedanke an seine Eltern in der dunklen Hütte, war nicht der Gedanke an seine Schwester mit den tiefen Runzeln im Gesicht und den staunend aufgerissenen Augen, mit denen sie gestorben war; was blieb war nur der Gedanke an seine Hand, die einen Bissen in den Mund schob, und an eine heiße Wasserlache, in die er sein Gesicht tauchte.

Die Landschaft hatte sich mit der Zeit verändert, der Sand unter seinen nackten Zehen war heiß und trocken.

Der Alte neben ihm, der nicht mehr sprechen wollte, hatte ihn angetrieben. Tag um Tag. So hatten sie nun die Stadt erreicht.

Was der Junge nicht wissen konnte: Daß der rote Bus in der Sonne stand, weil es sinnlos schien, irgendwohin fahren zu wollen.

Daß die Männer an den Tischen saßen, weil sie keine Arbeit hatten.
Daß sie lachten, weil es nichts zu lachen gab.
Der Junge dachte immer noch, nun hätten sie es geschafft.

Muß ich noch fragen, um zu wissen, wie es tut:
ins Joch gespannt, die Kehle zugeschnürt?
Ich sah es ja bei einem jungen Ochsen.
Die Blindheit ist vorbei. Ich habe nachgedacht.
Ich weiß ja, wie man einen Sklaven macht
aus einem jungen Ochsen.

Er war so jung und glatt, geboren, frei zu sein.
Er bat um nichts, war seines Lebens froh.
Die Menschen aber wollten ihn sich zähmen
und taten so, als würde Hilfe ihm gebracht.
Ich weiß ja, wie man einen Sklaven macht
aus einem jungen Ochsen.

Er wehrte sich. Er kämpfte um sein Recht.
Doch sie umringten ihn, erfahren wie sie sind,
und nutzten ihre List, um ihn zu brechen.
Das Kleid der Unschuld deckt viel Niedertracht.
Ich weiß ja, wie man einen Sklaven macht
aus einem jungen Ochsen.

Er stand so müde da. Er stand allein.
Voll Trauer war sein Schrei, Gebell der Qual.
Man lockerte den Strick, damit er atme.
Und zog ihn wieder zu mit Vorbedacht.
Ich weiß ja, wie man einen Sklaven macht
aus einem jungen Ochsen.

Ich sah ihn später wieder: sanft, geknickt.
Er zog den Pflug, den Doppelfurchen-Pflug.
Er schlurfte tief gebückt einher und stöhnte.
Um nicht zu sterben, schleppt er willig seine Fracht.
Ich weiß ja, wie man einen Sklaven macht
aus einem jungen Ochsen.

(James J. R. Jolobe)

SÜDAFRIKA

Pats Wunderstrauch

Schon am Morgen hatte die Mutter gesagt: „Mußt du wirklich mit den anderen gehen? Haben wir nicht genug Sorgen?"

Der Vater blieb stumm.

Mittags fragte die Mutter wieder: „Mußt du denn gehen? Mußt du es wirklich tun?"

Diesmal sagte der Vater: „Ja, ich muß gehen." Sonst nichts.

Und die Mutter sagte nun auch nichts mehr. Sie ging stumm hinaus und zog dabei ihr Kopftuch tief ins Gesicht, so daß es die Augen fast ganz bedeckte und Joel nicht sehen konnte, ob die Mutter weinte. Doch er war sicher, daß sie weinte.

Er ging auch hinaus. Er ging zusammen mit dem Vater vor die Tür. Der Vater blieb dort stehen, lehnte sich gegen die sonnige Hauswand, schloß die Augen für einen Moment und hob sein Gesicht gegen das Licht.

„Warum gehst du, Vater?" fragte Joel. „Warum mußt du gehen?"

„Die anderen gehen auch", sagte der Vater. „Gleich werden Lenrie und Pat kommen; dann muß ich mit ihnen gehen. Ich werde sie nicht allein gehen lassen."

Lenrie war Joels Onkel. Pat war sein Vetter. Er war älter als Joel; beinahe erwachsen. Für Joel war Pat ein Mann.

Nun kamen sie die Straße herunter. Gleichmäßig, mit langen Schritten gingen sie nebeneinander – Lenrie und Pat. Jeder hielt eine Stange in der Hand: eine Stange mit einem Schild. „Da sind sie", sagte Joels Vater. „Ich gehe jetzt."

„Nimm mich mit!"

„Nein."

Joel schwieg. Der Vater stieß sich mit den Schultern von der Hauswand ab und stand einen Augenblick wie unschlüssig dort; dann ging er zur Seite, bog um die Hausecke, kam wieder zurück. Er trug nun auch eine Stange mit einem Schild. Und so, mit der Stange in der Hand, ging er auf die beiden anderen Männer zu.

Als alle drei auf gleicher Höhe waren, verhielten sie den Schritt. Die Begrüßung war kurz; nicht mehr als ein halber Zuruf. Darauf machte die kleine Gruppe eine Wendung nach rechts und marschierte davon.

Aus anderen Häusern kamen noch mehr Männer; die Gruppe wurde größer, formierte sich zu einem richtigen Zug. Es sollte ein großer Zug werden; das war es, was die Männer wollten: einen Aufmarsch, den man nicht übersehen konnte.

Joel folgte in einigem Abstand. Keiner der Männer sah ihn; keiner von ihnen blickte zurück. Alle schauten nach vorwärts. Und fast jeder trug ein Plakat oder ein Spruchband. Die Schilder und Bänder – weiß und hell in der Sonne – schwebten und schwankten über den dunklen Köpfen. Die Männer hatten in großen Buchstaben einzelne Worte und Sätze auf die Plakate und Spruchbänder gemalt – Worte und Sätze, die man nicht laut sagen durfte. Aber wie soll man still bleiben und schweigen, wenn man voll von Ideen, Gedanken, Worten und Wünschen ist? Die stummen Plakate redeten ihre eigene laute Sprache: AFRIKA DEN AFRIKANERN – MEHR RECHTE FÜR DIE SCHWARZEN – GLEICHE RECHTE – JUSTICE: Gerechtigkeit!

Joel ging hinter dem Zug der Männer her. Plötzlich mußte er an die Mutter denken, die jetzt allein zu Hause war und gewiß noch immer ihr Tuch übers Gesicht gezogen hielt und vielleicht noch immer weinte. Am Ende der Straße machte er halt; dann kehrte er um und ging heim.

Es wurde Nachmittag, es wurde Abend, es wurde Nacht. Joel und seine Mutter saßen in der Küche. Sie warteten auf den Vater. Sie warteten auf die Schritte der zurückkehrenden Männer draußen auf der Straße. Manchmal waren wohl Schritte zu hören, aber nur die Schritte einzelner Personen. Nicht die Schritte einer ganzen Gruppe.

Als Mitternacht vorüber war, verriegelte die Mutter die Haustür und legte sich hin. Joel legte sich auch hin. Aber er konnte nicht schlafen. Im Dunkeln hörte er die Mutter weinen.

Irgendwann danach mußte er aber doch eingeschlafen sein, denn er fuhr mit einem großen Schreck in die Höhe, als es plötzlich an der Haustür klopfte. Es klopfte nicht laut; eigentlich sogar ganz leise. Aber Joel war trotzdem aufgefahren und erschrocken.

Die Mutter stand schon bei der Tür.

„Ich bin's: Lenrie", hörte Joel.

„Ah, Lenrie; Lenrie!" sagte die Mutter. Sie schob den Riegel zurück und öffnete.

„Komm herein", sagte sie zu Lenrie. Aber er kam nicht weiter. Er blieb im Türrahmen stehen. Und stand ganz groß und starr und aufrecht. Und plötzlich, ohne einen Laut, ohne das leiseste Schwanken, fiel Lenrie nach vorn und schlug in seiner ganzen Länge auf den Boden.

Joel sprang in die Höhe.

„Mutter!" rief er. „Was hat Onkel Lenrie?"

„Sei still", sagte die Mutter. Sie bückte sich und versuchte, Lenrie in den Wohnraum zu ziehen. Joel half mit. Aber Lenrie war schwer, und sie brauchten alle Kraft, bis sie ihn so weit ins Haus gezogen hatten, daß sie die Türe schließen konnten.

„Schieb den Riegel vor", sagte die Mutter zu Joel.

Joel verriegelte die Tür. Die Mutter hatte Lenrie inzwischen auf den Rücken gedreht. Sie kniete vor ihm auf dem Boden und starrte auf sein Gesicht.

„Lenrie!“ sagte sie. Sie sagte nichts anderes. Sie wiederholte immer nur das eine Wort: „Lenrie! – Lenrie!“

Joel kniete sich an Lenries andere Seite. Er wollte etwas tun. Er wollte Onkel Lenrie wecken; ihm helfen, daß er wieder zu sich kam; daß er aufstehen konnte.

„Onkel Lenrie!“ sagte Joel. Er rief es laut. Er rief: „Onkel Lenrie, sag doch etwas! Sag doch irgend etwas! Sag doch ein Wort!“

Doch Onkel Lenrie sagte nichts. Er hörte nicht, wie Joel ihn rief; er hörte nicht, wie Joels Mutter weinte.

Onkel Lenrie war tot.

Pat kam am nächsten Morgen. Er kam dreimal. Als er das erste Mal kam, wußte er noch nichts. Er wollte nur fragen, ob Lenrie vielleicht gestern vorbeigekommen war oder ob er sich bei Joels Mutter versteckt hielt oder ob sie sonst eine Nachricht von ihm hatte.

Doch als er kam und seinen Vater fand – still und ausgestreckt auf dem Boden –, brauchte er seine Fragen nicht mehr zu stellen. Pat ging. – Ein wenig später kam er mit zwei anderen Männern zurück, und zu dritt hoben sie Lenrie auf und trugen ihn die Straße hinunter zu seinem eigenen Haus.

Joel folgte ihnen. Er mußte dabei an den Vortag denken, als er dem anderen Zug der Männer gefolgt war. Diesmal würde er nicht an der Ecke kehrtmachen. Er wollte mitgehen und Pat fragen, was mit Onkel Lenrie geschehen war. Er wollte wissen, warum Pat nicht mit Onkel Lenrie zusammengewesen war – gestern Nacht. Warum Onkel Lenrie allein gekommen war. Er wollte wissen, wo sein Vater war. Er wollte wissen, wann sein Vater zurückkommen würde.

Doch er konnte das alles nicht fragen; denn sobald die drei Männer mit Onkel Lenrie das Haus betreten hatten, machten sie die Tür zu. Joel war dicht hinter ihnen gefolgt, aber nicht dicht genug, daß er gleichzeitig mit ihnen die Tür erreichte. Er kam ein ganz klein wenig zu spät, gerade als der Riegel von innen vorgeschoben wurde.

Joel klopfte. Er sagte: „Ich bin's! – Joel.“

„Geh heim zu deiner Mutter“, hörte er Pat sagen. „Geh heim, Joel. Steh nicht hier vor der Türe herum, hörst du?“

„Aber ich möchte dich doch fragen . . .“ fing Joel an.

Pat – aus dem Inneren des Hauses – unterbrach ihn. Seine Stimme klang ungeduldig.

„Ich komme später zu euch“, sagte er. „Dann kannst du mich fragen. Aber jetzt geh endlich!“

Joel ging.

Er ging nicht nach Hause, sondern zum Flußbett. Er war verletzt. Er war böse. Er war verwirrt. Er wußte nicht, was er von all diesen Dingen denken sollte.

Im Flußbett würde er allein sein. Dort konnte er nachdenken. – Vielleicht waren aber auch seine Freunde dort. Ja – vielleicht! Dann würde er mit ihnen spielen und überhaupt nicht nachdenken.

Wenn niemand mit ihm über diese Dinge sprechen wollte, wenn niemand ihm etwas erzählte, wenn er nicht einmal in Onkel Lenries Haus eingelassen wurde, wenn sie ihm die Tür vor der Nase verriegelten, wenn Pat ihn sogar fortschickte, ohne seine Fragen anzuhören: Warum sollte er sich dann selbst mit Fragen quälen?

Nein: Er würde spielen!

Aber heute war niemand im Flußbett. Die Freunde waren nicht dort. Sie kamen auch nicht. Dafür kamen die Fragen wieder. Die Fragen und die Gedanken kamen ganz von selbst.

Und auf einmal fühlte Joel große Furcht. Warum war der Vater nicht zurückgekommen? Wo war er überhaupt?

Mit Schrecken dachte Joel, der Vater könnte vielleicht auch irgendwo liegen – vielleicht in einem fremden Haus oder in einem Haus von Verwandten –, so wie Onkel Lenrie heute nacht bei ihnen gelegen war.

Joel sprang auf und rannte nach Hause.

„Wo warst du?“ fragte die Mutter.

„Am Fluß.“

„Pat war hier“, sagte die Mutter. „Die Polizei war auch hier. Sie haben Pat gesucht. Aber da war er schon fortgegangen. Sie wollten wissen, wohin. – Ich habe gesagt: Ich weiß es nicht.“

„Und wo ist Pat?“ fragte Joel.

Nach dem Vater zu fragen wagte er nicht.

„Ich weiß es nicht“, sagte die Mutter. „Ich hab' doch gesagt: Ich weiß es nicht! Ich weiß überhaupt nichts.“

Joel ging wieder zum Fluß. Er lief im Flußbett hinauf und hinunter; er lief von einem Versteckplatz zum anderen. Jedesmal dachte er: Vielleicht ist Pat hier! Vielleicht in diesem Versteck! Oder in diesem! – Ja: Hier muß er sein! Wenn Pat nicht dort war, wenn der Platz leer war, suchte Joel weiter. Es gab kein Versteck im Flußbett, das Joel nicht kannte. Er würde Pat finden. Das wußte er.

Er fand ihn am dritten Tag.

„Die Polizei sucht dich“, sagte Joel zu Pat. „Ist es deshalb, weil du das Plakat getragen hast?“

„Ja“, sagte Pat. „Deshalb und auch, weil ich ihnen wieder entwischt bin, als sie mich schon beinahe hatten.“

Joel nickte. Er hatte es zuerst nicht geglaubt; aber jetzt nickte er.

„Was tun die Polizisten, wenn sie dich finden?“ fragte Joel.

„Sie bringen mich ins Gefängnis“, sagte Pat.

Auch das stimmte also. Auch das hatte Joel zuerst nicht glauben wollen. Und jetzt wollte er es immer noch nicht glauben. Er wollte, daß sich alle irrten: daß die Mutter sich irrte und daß Pat sich irrte und daß nur Joel selbst sich nicht irrte und recht hatte: Die Polizei konnte nicht einfach jemanden ins Gefängnis bringen, nur weil er ein Plakat getragen hatte! – Diebe kamen ins Gefängnis,

Mörder, böse Menschen, Verbrecher. – Pat war kein Verbrecher! Ein Plakat zu tragen war kein Verbrechen!

AFRIKA DEN AFRIKANERN – was war daran schlecht, schlimm oder böse? Es war doch richtig, dachte Joel. Warum sollte Afrika nicht den Afrikanern gehören? Warum sollte Afrika jemand anderem gehören als den Afrikanern? – Afrika war doch ihr Land! – Oder nicht?

Joel konnte das alles nicht verstehen. Und darum wünschte er, daß alles ein Irrtum wäre. Daß die Polizisten Pat gar nicht suchten.

Aber er wußte, daß sie ihn suchten.

Also wünschte er, daß sie ihn wenigstens nicht finden sollten. Als könnten die Worte seinen Wunsch zu Wirklichkeit werden lassen, sagte Joel zu Pat: „Die Polizisten suchen dich; aber sie werden dich nicht finden!"

„Nein, sie werden mich nicht finden", sagte Pat. Plötzlich lachte er auf. Joel wußte nicht, warum. Und schon im selben Augenblick – noch ehe Joel Zeit gefunden hatte, Pat zu fragen, warum er lachte – wurde er wieder ernst. Er fuhr sich mit der Hand durch die Haare.

„Aber wenn sie mich finden – wenn sie mich nun doch finden –, ach nein, nein . . .!" Er verstummte, senkte den Kopf, und wieder fuhr er sich durchs Haar; diesmal mit beiden Händen.

Joel sagte nichts. Er wußte nicht, was er sagen sollte. Er hatte gesagt: „. . . aber sie werden dich nicht finden." Mehr konnte er nicht sagen. Denn wenn sie ihn doch fanden, wie Pat jetzt eben gesagt hatte, was dann? – Was gab es dann noch für Joel zu sagen?

Er blieb stumm bei Pat sitzen. Es wurde spät. Joel wäre die ganze Nacht hiergeblieben, aber Pat schickte ihn fort.

„Geh jetzt heim", sagte er. „Und wenn du morgen wieder kommst, dann bring mir was zu essen mit."

Daran hatte Joel nicht gedacht. Er hatte nur daran gedacht, daß er Pat finden wollte, bevor die Polizisten ihn fanden. Er hatte nur an die vielen Verstecke gedacht und welches davon Pat wohl gewählt haben mochte. Daß Pat Hunger hatte, war ihm gar nicht eingefallen.

„Hast du denn nichts zu essen?" fragte Joel.

„Nein", sagte Pat. „Schon seit zwei Tagen nicht."

„Ich geh' und hole dir was", sagte Joel.

„Nein. Heute nicht mehr", sagte Pat. „Ich halte es aus bis morgen. – Es genügt, wenn du mir morgen was bringst."

Joel stand auf, und Pat stand auch auf. Er streckte sich und hob dabei seine Arme hoch über den Kopf. Dann ließ er sie fallen und Joel beobachtete, wie Pats Hände an seinen Seiten baumelten. Plötzlich hatte er den Wunsch, Pat anzufassen, und er streckte schon seine eigenen Hände aus, um die von Pat zu berühren. Doch gerade da trat Pat zurück, fuhr mit den Händen in seine Hosentaschen, grub darin herum und hielt dann Joel einen flachen ovalen Gegenstand hin.

„Hier", sagte er. „Nimm das!"

Joel beugte sich vor.

„Was ist es?“ fragte er. Aber er sah, was es war: eine Samenkapsel.

„Hier, nimm sie“, sagte Pat wieder. „Ich habe versucht, die Körner zu kauen, aber sie machen mich nur hungriger, als ich schon bin.“

Joel nahm die Samenkapsel. Verlegen hielt er sie zwischen den Fingern. Und mit der gleichen Verlegenheit schaute er zu Pat auf.

„Was soll ich damit tun?“ fragte Joel.

„Mach damit, was du willst“, sagte Pat, und plötzlich sah er aus, als langweile ihn die ganze Sache, oder als wäre er darüber sogar ein wenig zornig. Und lauter jetzt und ungeduldig wiederholte er: „Mach damit, was du willst: Du kannst sie einpflanzen oder wegwerfen oder zur Erinnerung behalten ...“ Er zuckte die Achseln und drehte sich weg.

Joel ging. Er nahm die Samenkapsel mit. Er behielt sie. Und er behielt Pats Worte im Ohr: „Du kannst sie einpflanzen oder wegwerfen oder zur Erinnerung behalten ...“

Zur Erinnerung – woran?

Die Polizisten fanden Pat am selben Abend. Er wurde ins Gefängnis gebracht. Er wurde zusammen mit anderen Männern eingesperrt, die an jenem Nachmittag an dem Aufmarsch teilgenommen hatten. Siebzehn Männer waren deswegen ins Gefängnis gekommen. Pat war der achtzehnte. Das Gefängnis des Ortes war zu klein für so viele Gefangene. Es hatte nur vier Zellen. Die achtzehn Männer blieben zwei Wochen lang in den vier Gefängniszellen – zusammen mit noch fünf anderen Gefangenen, die schon vorher dort gewesen waren. Nach zwei Wochen wurden alle in ein größeres Gefängnis gebracht: die fünf Gefangenen von früher und die achtzehn anderen Männer.

Joels Vater war dabei.

Joel hörte lange nichts von seinem Vater. Er dachte viel an ihn. Jeden Tag mußte er über all die Dinge nachdenken, die den Vater ins Gefängnis gebracht hatten. Und er dachte an Pat. Er dachte an Lenrie. Joel dachte sonst nur selten an seine toten Verwandten. Sobald sie gestorben und begraben waren, begann das Vergessen. Aber an den toten Lenrie dachte Joel genau so oft wie an Pat und den Vater.

Manchmal dachte Joel: Onkel Lenrie ist zwar tot, aber sein Leben war noch nicht wirklich zu Ende. Er ist nicht von selbst gestorben; er ist getötet worden. Darum ist es eigentlich so, als ob er noch weiterlebte.

Wenn er nicht mit den Männern marschiert wäre, dann wäre Lenrie noch am Leben. Wenn er das Plakat nicht getragen hätte, dann wäre er noch am Leben.

Aber er war marschiert, und er hatte das Plakat getragen. Und als die Polizisten es ihm aus der Hand reißen wollten, hatte er es nicht losgelassen. Und als sie ihn über den Kopf schlugen, so daß Lenrie niederbrach und die Stange mit dem Plakat nicht mehr halten konnte, da hatte er noch gerufen, was auf dem Plakat stand: „Justice!“ – Gerechtigkeit!

Als ihn der Knüppel ein zweites Mal trifft, schreit Lenrie wieder. Er schreit vor Schmerz. Er schreit wieder „Justice!“ Und er liegt schon flach auf dem Boden, als ihn der dritte Schlag trifft.

Niemand wußte – auch Pat nicht –, wie Lenrie es geschafft hatte, wieder auf die Beine zu kommen und den Weg zu Joels Haus zu gehen.

Manchmal ging Joel zum Flußbett. Manchmal spielte er dort. Er spielte und lachte mit den anderen Kindern und verriet niemandem, was er dachte, wenn er allein war. Wenn er den anderen aus dem Weg ging und sich an dem Platz versteckte, wo er damals Pat gefunden hatte.

Joel trug noch immer Pats Samenkapsel mit sich. Er hatte sie in ein Stück Zeitungspapier eingewickelt, denn die Schale der Kapsel war dünn und brüchig geworden, und Joel wollte nicht, daß sie zerbrach.

Manchmal wickelte er das Stück Zeitungspapier auf und betrachtete die Kapsel. Aber es gab an ihr eigentlich nichts Besonderes zu sehen; es war eine ganz gewöhnliche Samenkapsel wie andere auch. Und das einzig Besondere an dieser Kapsel war, daß Joel sie von Pat bekommen hatte. Und daß es das letzte war, das Pat ihm gegeben hatte. Und überhaupt das einzige, das er von Pat besaß – außer der Erinnerung an ihn. So oft Joel Pats Kapsel betrachtete, mußte er an Pats letzte Worte denken: „Du kannst sie wegwerfen oder einpflanzen oder als Erinnerung behalten.“

Joel wußte, er würde diese Samenkapsel niemals wegwerfen. Er wollte sie behalten, bis Pat zurückkam. Wenn Pat kam, dann würde auch der Vater kommen. Joel glaubte fest daran.

Einmal dachte er: Vielleicht sollte ich die Samenkörner einpflanzen, wie Pat es gesagt hat. Vielleicht haben die Samenkörner irgendeine Wunderkraft. Vielleicht bringen sie Pat und den Vater zurück, wenn ich sie einpflanze.

Joel ließ sich Zeit. Aber er dachte so oft an diese Dinge, daß er schließlich sicher war, alles würde genau so kommen, wie er es sich vorstellte.

Warum sonst hätte Pat ihm die Samenkapsel geschenkt? – Sie enthielt bestimmt ein geheimes Mittel, eine geheime Kraft, ihn zurückzubringen, für den Fall, daß er fortgebracht werden sollte.

Eines Tages pflanzte Joel die Samenkörner ein. Er grub ein kleines Loch in den sandigen Boden hinter dem Haus. Er legte die Samenkörner einzeln hinein, bedeckte sie vorsichtig mit Erde, trat den Boden fest, goß ein wenig Wasser auf die Stelle, und dann wartete er.

Joel goß die Stelle jeden Morgen. Oft goß er sie am Abend ein zweites Mal.

„Wenn die Samen auskeimen“, dachte Joel, „dann kommen sie zurück – Pat und der Vater.“

Die Samen keimten aus. Sie trieben winzige zarte Blättchen an einem weichen, zerbrechlichen Stengel.

Der Vater und Pat kamen nicht. Es gab keine Nachricht von ihnen.

Joel goß die Keimlinge. Sie wurden größer.

„Ich war zu ungeduldig", dachte er. „Ungeduld verscheucht vielleicht das Wunder." – Er nahm sich vor, ganz geduldig zu sein. „Und wenn die ersten richtigen Blätter wachsen", dachte Joel, „dann kommen sie ganz bestimmt. Dann kommt der Vater. Dann kommt Pat."

Die Stengel von Joels Pflanzen wurden fester. Sie wurden höher, sie trieben richtige feste Blätter.

Der Vater und Pat kamen nicht. Einmal hieß es, sie wären gar nicht mehr am Leben. Danach hieß es, doch: Sie wären wohl noch am Leben. Sie wären nur krank. Krank und im Krankenhaus – aber am Leben.

Joel goß weiter seine Pflanzen. Er spürte keine Ungeduld mehr, denn er hatte so lange Geduld geübt, daß es ihm nicht mehr schwer fiel, geduldig zu sein. Manchmal fiel es ihm aber schwer, noch immer an das Wunder von Pats Pflanze zu glauben. Manchmal glaubte er überhaupt nicht mehr daran, daß Pat und der Vater wiederkommen würden.

Trotzdem goß Joel die Pflanze weiter. Sie wuchs, sie bekam mehr Triebe, mehr Blätter: Sie wurde ein Strauch. Und eines Tages entdeckte Joel an seinem Strauch viele kleine Knospen. – Ein paar Tage noch, und der Strauch würde voller Blüten sein!

Zu dieser Zeit hatte Joel schon allen Glauben an seinen Wunderstrauch verloren. Er goß ihn nur noch weiter, weil es ein so schöner Strauch geworden war und weil er Pats Strauch war und weil Joel Pats Strauch nicht verwelken lassen wollte.

Ich bin nicht du –
doch du willst mir
nicht meine Chance geben,
willst mich nicht ich sein lassen.

„Wenn ich du wäre" –
jedoch du weißt:
Ich bin nicht du,
und doch willst du
nicht, daß ich ich bin.
(Roland Tombekai Dempster, Liberia)

SÜDAFRIKA

Sea Point, weißer Vorort von Kapstadt

Ich sag's meinem Daddy

Margaret wachte schreiend auf. Die Angst, die sie im Traum verfolgt hatte, lauerte in allen Ecken des Zimmers.

Sie sprang aus dem Bett, rannte barfuß hinaus, vorbei an der offenen Tür des Elternschlafzimmers, an den leeren Zimmern der Brüder vorbei, stolperte auf der Treppe, rutschte ein paar Stufen hinunter, klammerte sich an einer der gedrechselten Säulen fest, die das Stiegengeländer trugen. Sie blieb an den Fransen eines Teppichs hängen.

Endlich erreichte sie die Tür zum Garten, stieß sie auf, rannte quer über den Vorhof zur Garage. Über der Garage hatte Nannie ihr kleines Zimmer, abgetrennt von den Quartieren der Dienstboten, abgetrennt auch vom Haus.

Margaret lief keuchend die enge Stiege hinauf. Gleich würde Nannie die Tür aufmachen und sie in ihre Arme nehmen und hin und her wiegen, und dann würde sie Kakao kochen und mit ihr reden, bis die Angst weg war.

Margaret riß die Tür auf.

Neben Nannie saß ein Mann auf dem Bett! Er hatte den Arm um ihre Schulter gelegt.

Es war fast dunkel im Zimmer. Nur von draußen, von der Garagenlaterne, kam ein Lichtstrahl herein.

Das Weiße in den Augen des Mannes leuchtete, seine Oberlippe ging hoch und legte seine Zähne frei. Die Zähne schimmerten. Er wandte den Kopf ein wenig, der Lichtstrahl traf ihn. Seine Nasenlöcher weiteten sich, wurden enger, weiteten sich. Margaret starrte die großen Nasenlöcher an.

„Nannie!"

Sie streckte eine Hand aus.

Was tat der fremde Mann bei ihrer Nannie? Bei Nannie, die nur ihr allein gehörte, seit Archie und Philipp nach England ins Internat geschickt worden waren.

Nannie nahm ihre Hand nicht. Nannie klammerte sich an den fremden Mann. Nannie zitterte!

Nannie, die große, starke Nannie, vor der sogar Daddys Chauffeur Respekt hatte. Nannie zitterte.

Endlich sagte sie: „Was treibst du hier um diese Zeit? Geh schlafen!"

Der Mann stand auf. Er streckte sich, bis er fast das ganze Zimmer ausfüllte. Margaret starrte an ihm in die Höhe.

Sein rechter Fuß hob sich, ganz langsam.

Nannie packte sie an den Schultern. „Sei vernünftig. Geh ins Bett."

„Aber der Mann . . ." flüsterte Margaret. „Der soll weg."

Nannie schüttelte den Kopf.

Margaret stampfte auf. Sie war es nicht gewöhnt, daß man ihr etwas abschlug. „Ich will aber."

Der Mann trat einen ganzen großen Schritt näher. Er stand jetzt knapp vor Margaret. Er hob die Hand. Die Innenfläche leuchtete weiß. Der Mann sagte: „Geh jetzt." Seine Stimme war rauh.

Margaret schrie.

Nannie hielt ihr den Mund zu. „Bitte, sei still", sagte sie. Auch ihre Stimme klang anders als sonst, nicht weich, nicht beruhigend.

Etwas schlug hart an die Tür. Einmal, zweimal.

Der Mann wich in die Ecke zwischen Bett und Schrank zurück.

Die Tür wurde aufgerissen. Zwei Polizisten stürmten ins Zimmer. Der eine hielt eine Pistole. Er richtete die Pistole auf den fremden Mann. Der zweite, dickere, schob Margaret zur Seite und stellte sich zwischen sie und Nannie.

„Wo ist dein Paß?" fragte der mit der Pistole. Er redete afrikaans.

Der Mann griff in seine Hosentasche.

Seine Hand kam leer aus der Tasche.

Der Polizist lachte.

„Tu doch nicht, als hättest du einen!"

Nannie sagte: „Er hat mir Nachricht gebracht von meinen Kindern."

Beide Polizisten lachten. Der eine stieß den Mann mit seiner Pistole in die Rippen.

„Das kennen wir. Ist auch egal, Schwarzhaut. Du hast keinen Paß und du kommst mit."

Der andere ging zum Lichtschalter. Das Licht der nackten Glühbirne tat weh in den Augen.

„Was macht das weiße Kind da?" fragte er streng.

„Sie ist eben gekommen", sagte Nannie. „Sie hat schlecht geträumt. Die Eltern sind auf einer Gesellschaft."

Der dicke Polizist betrachtete Margaret.

Sie fror. Von der offenen Gartentür wehte ein starker Luftzug herauf.

„Ist das wahr?" fragte der Polizist.

„Nannie lügt nicht", sagte Margaret.

Nannie wandte sich an den Polizisten. „Bitte – laßt ihn laufen! Er war nur da, um mir zu sagen, daß mein Kind morgen aus dem Krankenhaus entlassen wird. Meine Schwester braucht das Geld, sonst kann sie das Kind nicht abholen. Es war wichtig. Bitte."

Margaret blickte von einem zum anderen.

Wieso hatte Nannie ein Kind? Nannie hatte doch sie!

Wieso bettelte Nannie? Wieso redete sie mit dem Polizisten, wie sie sonst nur mit Daddy redete? Nein, auch nicht mit Daddy. Noch anders.

Nannie hatte ein Kind, das lag im Krankenhaus, und der Mann da . . .

„Sein Paß ist auf der Polizeistation", sagte Nannie.

„Soso. Auf der Polizeistation. Das ist ja interessant."

Der Polizist richtete seine Pistole auf den Bauch des fremden Mannes.

„Laßt ihn in Ruhe!" rief Margaret. „Laßt ihn und geht!"

„Donnerwetter", sagte der dicke Polizist. Er stupste sie mit dem Zeigefinger unters Kinn. Margaret schlug ihm mit aller Kraft auf die Finger.

Die beiden Polizisten sahen einander an, zuckten mit den Schultern. „Du weißt doch, wer ihr Vater ist . . ." sagte der eine.

„Also los", sagte der zweite, der dickere. Er drehte den fremden Mann herum, tastete ihn ab. Der Mann ließ es sich gefallen. Und Nannie stand daneben. Margaret spürte ihren Atem.

Plötzlich gab der Polizist dem fremden Mann einen Stoß, daß er nach vorn stolperte. Der zweite packte ihn und drehte ihn um, wie ein Stück Holz. Dann stieß er ihm die Pistole in den Rücken.

„Los, ab!"

„Er war nur bei einer Demonstration", sagte Nannie. „Da hat man ihm den Paß abgenommen. Aber er wurde freigesprochen! Trotzdem haben sie ihm den Paß nicht mehr gegeben."

„Nur bei einer Demonstration", wiederholte der Polizist. „Nur bei einer Demonstration. Haha. Das ist gut!"

Margaret trat vor den Polizisten. „Ich sag's meinem Daddy!" rief sie. „Geh weg, oder ich sag's meinem Daddy!"

Der Polizist schob sie mit seinem Schlagstock zur Seite. Er tat ihr nicht weh dabei, er schob sie ganz sacht zur Seite, so wie man einen Stuhl wegschiebt.

„Sag's nur deinem Daddy!" Er lachte. „Wirst ja sehen, was dein Daddy antworten wird. Dann bekommst du auch gleich eine neue Nannie."

Sie stießen den Mann über die Treppe hinunter.

Nannie lief ihnen nach, versuchte noch, mit ihnen zu reden.

Margaret rannte hinterher.

Die Polizisten trieben den Mann vor sich her bis zur Ausfahrt. Dort stand ein Wagen. Sie stießen den Mann hinein. Dann fuhren sie los, viel schneller, als Daddy es im Park erlaubte. Eine Wolke von Abgasen traf Margaret. Sie hustete.

Nannie stand mit herabhängenden Armen da.

Margaret fror. Steinchen bohrten sich in ihre Fußsohlen. Sie fing an zu weinen.

Nannie schien es nicht einmal zu merken. Sie gab ihr auch kein Taschentuch.

Margaret schneuzte sich in den Saum ihres langen Nachthemds.

Jetzt nahm Nannie ihre Hand und führte sie ins Haus, steckte sie ins Bett, deckte sie zu.

„Warum . . ." fing Margaret an.

Nannie legte ihr den Finger auf den Mund. „Morgen. Jetzt mußt du schlafen." Sie rieb ihr zwischen beiden Händen die Füße warm.

Am nächsten Tag lief Margaret hinunter, als Daddy beim Frühstück saß. Er schwang sie hoch, ließ ihre Beine nach rechts und nach links ausschwingen. „Was gibt's, Prinzessin?“

„Du mußt Nannie helfen!“

Daddy legte die Zeitung beiseite. „Was fehlt ihr denn?“

Er hörte sich Margarets verworrene Erzählung an.

Rose, die Speck und Eier für Daddy hereinbrachte, sah Margaret entsetzt an. Fast wäre ein Spiegelei vom Teller gerutscht, als sie den Teller vor Daddy hinstellte. Sie lief schnell hinaus.

Daddy hob Margaret auf sein Knie.

„Hör einmal, Prinzessin: ich bin froh, wenn ich verhindern kann, daß Nannie da in Schwierigkeiten kommt. Sie hätte den Mann gar nicht hereinlassen dürfen. Und sie weiß das auch. – Dem Mann kann ich nicht helfen.“

„Doch“, sagte Margaret.

Daddy konnte alles – wenn er wollte. Daddy war groß, Daddy war stark. Ihm gehörte die Fabrik, und das Haus, und der Garten, und die Autos, und überhaupt fast alles, was Margaret kannte.

„Es ist nun einmal Gesetz, daß die Schwarzen nach Einbruch der Dunkelheit nicht in unserem Viertel sein dürfen. Du willst doch auch nicht, daß irgendwelche wildfremden Leute in unseren Garten kommen und in dein Beet steigen, oder? Na siehst du!“

„Und der Mann, der Polizist? Warum war der so gemein?“

„Tja, das ist schwer zu erklären. Weil er sonst nichts hat, als daß er weiß ist. Verstehst du?“

„Nein“, sagte Margaret. „Aber Nannies Kinder, warum sind die nicht bei ihr? Warum kann ich nicht mit ihnen spielen?“

„Ja“, sagte Daddy. „Das ist eine traurige Geschichte.“

„Aber . . .“

„Nichts aber.“ Daddy warf seine Serviette auf den Tisch. „Ich werde Mama sagen, ihr Wohltätigkeitsverein soll der Sache nachgehen. Falls es nötig ist, können wir da aushelfen. Und jetzt muß ich wirklich gehen. Ich erwarte einen wichtigen Kunden aus England. Stell dir vor, der kommt aus einer Stadt ganz in der Nähe von Archies und Philipps Schule.“ Er stand auf, beugte sich über sie und gab ihr einen Kuß auf die Wange.

Sie küßte ihn nicht zurück wie sonst immer. Er schien das gar nicht zu bemerken. Er hatte es nur eilig. Er drückte auf die Klingel.

Der Wagen fuhr vor.

Margaret stand auf dem Kiesweg und sah ihm nach.

Nannie war anders gewesen, gestern.

Daddy war auch anders gewesen. Eben erst.

Sie riß einen Zweig ab und hieb auf den Weg ein, daß der Kies aufspritzte.

Der Gärtner kam gelaufen.

„Aber Missie“, rief er, „das ist die Lieblingsmagnolie vom Herrn! Das darf man nicht, Missie!“

NIGERIEN

Das Trommelfest

Zu Weihnachten erhielt Clement eine wichtige und ehrenvolle Aufgabe: Eine Umu Ogbo, eine Gruppe gleichaltriger Männer aus seinem Dorf Akpahia, hatte dem Dorf eine große Trommel zum Geschenk gemacht. Aus diesem Anlaß wollte die Dorfgemeinschaft das Weihnachtsfest diesmal besonders großartig feiern; und man brauchte jemanden, der aufschrieb, welche Geschenke die Besucher brachten. Für diese Aufgabe war Clement ausersehen worden. Er ging in Aba, der nächsten größeren Stadt, zur Schule und galt als ausgezeichneter Schüler.

Clement liebte es, an den Festtagen nach Hause zu kommen: zu ausgedehnten Familienfeiern oder zum Neu-Yam-Fest im Sommer, wenn die alten Männer feierlich den Göttern opferten, ehe die ersten Yam-Wurzeln gekostet werden durften.

Diesmal sollte es das größte Fest werden, das Akpahia je veranstaltet hatte. Schon als Clement am frühen Morgen im Dorf ankam, war der Versammlungsplatz erfüllt vom fröhlichen Treiben der Vorbereitungen. Die beiden uralten Iroko-Bäume, die den Platz überschatteten, waren über und über mit bunten Tüchern behängt. In der Mitte des Platzes wurde mit Bambusstäben und Palmblättern ein Dach für die Musik aufgerichtet. Gelächter und Rufe, das aufgeschreckte Gegacker der Hühner, denen es an diesem Festtag an den Kragen ging, der würzige Duft nach brodelndem Fufu mengten sich zu einer erregenden Stimmung: Vorfreude. Kleine Kinder sausten über den Platz und ließen Windräder an ihren ausgestreckten Händen kreisen. „Ah – Clement!" riefen sie, als sie ihn sahen. Die Frauen, die in Gruppen beisammensaßen und die Kochtöpfe überwachten, nickten ihm anerkennend zu. „Da kommt ja Clement! Clement wird alles aufschreiben, wenn das Fest beginnt!"

Seine Aufgabe hatte sich schon im Dorf herumgesprochen. Clement zeigte seinen Freunden den Tisch, an dem er sitzen würde. „Alle Besucher müssen an mir vorbei, ehe sie den Platz betreten!"

„Ehe sie zu den Tischen mit dem Essen kommen!" Die Freunde lachten.

„Und wenn sie das Essen riechen, geben sie gleich doppelt so viel!"

Es wurde erwartet, daß die Gäste aus den umliegenden Dörfern Geldgeschenke brachten, aber auch Palmwein, Yam oder Hühner. Natürlich wurden auch

Besucher bewirtet, die nichts schenkten, aber es kam kaum jemand mit leeren Händen.

„Wo ist Monday?" fragte Clement. Von allen Freunden im Dorf war Monday ihm der wichtigste. Er bewunderte ihn.

„Monday muß arbeiten. Du weißt ja, seine Tante beschäftigt ihn immer!"

Ja, das wußte Clement. Aber er war empört, daß Monday sogar am Tag des Festes schuftete. Er beschloß, zu ihm zu gehen.

Das Haus, in dem Monday und seine Tante wohnten, lag ein wenig abseits auf einem Hügel. Während Clement hinaufschlenderte, dachte er über seinen Freund nach. Monday war im gleichen Alter wie er. Er war als Waisenkind ins Dorf gekommen, und seine Tante, die Schwester seiner Mutter, hatte ihn bei sich aufgenommen, damit er auf ihre kleinen Kinder aufpaßte.

Das war so üblich in Akpahia und in ganz Umuahia-Land: Kleine Kinder aus armen Familien wurden bei den wohlhabenderen Verwandten als Hausboys beschäftigt. Dafür versprach man ihren Eltern, die Kinder in die Schule zu schicken und das Schulgeld für sie zu bezahlen. Aber oft wurde nichts aus diesem Schulbesuch. In erster Linie mußten die Hausboys schwer arbeiten; viele schon mit fünf oder sechs Jahren.

Monday war sechs gewesen, als seine Tante ihn zu sich genommen hatte. Er hatte die kleinen Kinder zu hüten, er trug Essen zu den Feldarbeitern, er mußte Wäsche waschen und beim Kochen helfen.

Clement erinnerte sich, wie er selbst einmal als Hausboy hatte arbeiten müssen. Damals war er erst fünf Jahre alt gewesen. Er selbst konnte sich natürlich nicht mehr genau erinnern, aber sein Vater hatte oft über diese Begebenheit gesprochen, und die Erzählung des Vaters hatte sich mit seiner eigenen Erinnerung vermischt.

Der Bruder seines Vaters wollte Clement zu sich nach Port-Harcourt nehmen, denn, so behauptete er, in Port-Harcourt sei die Schule besser. Clement sollte bei ihm leben und die Grundschule besuchen. Clements Vater ließ sich überreden und vertraute seinen Sohn dem Bruder an.

Clement erinnerte sich noch genau daran, wie sie damals in der Nacht zur nächsten Bahnstation gegangen waren: voran sein Vater, der mit einer Kerosinlampe den Weg beleuchtete, hinter ihm der Onkel, der Clement an der Hand hielt.

Aber als sie dann in Port-Harcourt ankamen, stellte sich heraus, daß es im Haushalt des Onkels ein kleines Kind gab, und daß man Clement geholt hatte, damit er auf es aufpaßte.

Die Erinnerung daran erbitterte Clement heute noch. „Ja, so ist es!" sagte er laut und stieß beim Gehen einen Stein zur Seite. „Für die kleinen Kinder holt man sich eben einen Boy ins Haus – genauso, wie man sich Hunde anschafft!"

Denn die Hunde wurden in Umuahia-Land gehalten, damit sie den Kot der Säuglinge fraßen – aus Gründen der Hygiene gleichsam. Die Hunde in den Dörfern wurden nicht gefüttert. Sie mußten von dem leben, was sie fanden und waren entsprechend ausgehungert. Gierig kamen sie, wenn man sie zum Kotfressen rief. „Hoo! Hoo!“ riefen die Mütter, und ein Rudel Hunde kam herbeigerannt.

Der kleine Clement in Port-Harcourt hatte nicht die geringste Lust, auf das Kind seiner Tante achtzugeben. Sobald man ihn mit dem Baby allein ließ, lief er davon. Meist lief er zur Schule. Er stellte sich an das Gitter und blickte sehnsüchtig hinein.

Clement beneidete die Kinder, die zur Schule gehen durften. Sie hörten immer neue Geschichten und Märchen, und sie konnten miteinander Ball spielen. Vor allem aber: Sie trugen wunderbare Schuluniformen!

Er wurde oft geprügelt, weil er immer wieder davonlief. Aber wenn er schon nicht in die Schule gehen durfte, so wollte er auch nicht auf seinen kleinen Neffen aufpassen! Und in der Küche wollte er schon gar nicht arbeiten!

Clement lief aus dem Hause seines Onkels fort, so oft er konnte.

Als sein Vater nach längerer Zeit nach Port-Harcourt kam, um nach ihm zu sehen, war Clement gerade wieder einmal ausgerissen. Seine Tante beklagte sich heftig über ihn; von der Vereinbarung, Clement in die Schule zu schicken, wußte sie nichts.

Besorgt und aufgebracht machte der Vater sich daran, seinen Sohn zu suchen. Clement, um den sich in dieser Zeit niemand kümmerte, außer daß er hin und wieder geprügelt wurde, stand schmutzig und verwahrlost am Zaun des Schulgeländes, als sein Vater ihn endlich fand.

Der Vater nahm ihn auf die Schultern und ging mit ihm erst einmal ins Hotel des Ortes Mittag essen. Dann kehrte er ins Haus seines Bruders zurück, wo er seinen Sohn badete und saubere Kleider für ihn verlangte. Die Tante, die allmählich begriff, daß sie sich im Unrecht befand, gehorchte erschrocken.

Der Vater nahm Clement mit sich ins Dorf zurück.

Einige Monate nach diesen Ereignissen zog die Familie nach Aba, und der kleine Clement ging in dieser Stadt in die St. Michael's Boy School.

Clement traf Monday vor der Hütte sitzend bei seiner üblichen Arbeit an: Zwischen zwei Steinen zerschlug er Palmkerne. Das Innere der Palmkerne, die Palmnüsse, verkaufte Mondays Tante auf dem Wochenmarkt. Wenn sie Monday alleine ließ, pflegte sie ihm zwei Körbe mit Palmkernen zurückzulassen; die mußte er bis zu ihrer Rückkehr bearbeitet haben.

So war es schon immer gewesen. Aber Monday war in seiner mühseligen täglichen Arbeit von jeher so geschickt, daß es ihm doch immer noch gelungen war, mit den anderen zu spielen – wenn auch nur für kurze Zeit am Abend.

Die Kinder von Akpahia blieben bis tief in die Nacht hinein auf dem Dorfplatz. Am beliebtesten waren verschiedene Arten von Versteckenspielen. „Mondspiele“ wurden sie genannt, weil sie sich am besten bei Mondlicht spielen ließen.

Mit acht Jahren hatte Monday es durchsetzen können, daß er endlich zur Schule gehen durfte. Und er war so eifrig bestrebt zu lernen, daß er alle Prüfungen mit Auszeichnung bestand. Dabei hatte er zu Hause weder Zeit zu lernen, noch durfte er Aufgaben machen. Er mußte sich alles während des Unterrichtes merken.

„Ich werde in Kaduna auf die Berufsschule gehen!" erzählte Monday Clement, nachdem sie einander begrüßt hatten. „Das habe ich in den vergangenen Monaten beschlossen! Ich werde das Dorf verlassen, sobald ich kann. Es ist ein anderes Leben in der Stadt!"

Clement nickte. Es war ein anderes Leben in der Stadt! Zumindest, soweit es ihn betraf. Neben seinem Schulbesuch hatte er kaum irgendwelche Pflichten. Er war frei, zu spielen oder Sport zu betreiben.

„Und selbst die Kinder, die im Haushalt arbeiten müssen, haben es in der Stadt nicht so schwer!" erklärte er Monday. „Das Mehl ist bereits gemahlen, wenn man es kauft, man muß nicht erst das Getreide zerstampfen!"

Clement wünschte es Monday sehr, daß er endlich von seiner Tante fortkam. Er sah eine endlose Reihe von Körben vor sich, die Monday in all den Jahren mit Palmnüssen gefüllt hatte. Er dachte, wieviel Zeit er selbst gehabt hatte, zu üben und zu lernen. Nun konnte er besser rechnen als irgendein Erwachsener des Dorfes! Man hatte ihn sogar gebeten, die Liste der Geschenke für das Fest zu schreiben, weil man niemand Besseren finden konnte!

Es kam Clement auf einmal vor, als habe er großes Glück gehabt. Fast wäre es ihm genauso ergangen wie Monday – wäre da nicht der Vater gewesen, der sich um ihn gekümmert und ihn vom Onkel fortgeholt hatte.

„Aber später kommst du schon hinunter!" sagte Clement, als er sich von Monday verabschiedete.

„Ich komme bald!" sagte Monday und lachte; auch ihn hatte die Vorfreude auf das Fest jetzt erfaßt. „Hast du die Trommel denn schon gesehen, Clement? Sie ist riesig! Über drei Meter lang! Und die Umu Ogbo hat zusätzlich ein kleines Haus aus Ziegeln bauen lassen, in dem die Trommel untergebracht sein wird! Und drei Kühe sind für das Fest geschlachtet worden!"

Clement lief eilig ins Dorf hinunter. Die ersten Gäste waren schon da. Er setzte sich an seinen Platz am Tisch. Heft und Feder waren für ihn bereitgelegt worden. Clement begann mit den Eintragungen.

Auf dem Versammlungsplatz drängten sich bereits die Leute. Alle trugen ihre Sonntagskleider: prächtig gefärbte Rapas, die sie um den Leib gewickelt hatten. Die Frauen hatten noch zusätzlich Tücher um den Kopf geschlungen, die Männer hatten weiße Mützen aufgesetzt. Und jeder zeigte seinen schönsten Schmuck.

Die Männer lieferten die Geschenke für sich und ihre Familie ab, dann schlenderten sie zur Musikgruppe in der Mitte des Platzes.

Die Musiker sangen Lieder mit Texten, die eigens für diesen Tag geschrieben worden waren; und die Besucher hatten außerdem noch viele eigene Musikwünsche. Sie sangen und tanzten, bis sie unter ihren Rapas zu schwitzen begannen, dann wandten sie sich dem Palmwein und dem gekochten Yam und Fufu zu.

Die neue Trommel, der Mittelpunkt des Festes, wurde gebührend bewundert. Sie war aus einem meterlangen Baumstamm geschnitzt. In Zukunft würde das Dorf eine überaus mächtige und weittragende Stimme haben. Alle Gäste lobten die gute Idee der Umu Ogbo; und sie erzählten einander von den Geschenken, die andere Umu Ogbos ihrer Dorfgemeinschaft gemacht hatten.

Clement saß neben den Dorfältesten und trug gewissenhaft in sein Buch ein, wieviel Geld gebracht wurde, ebenso den Namen des Spenders und den Namen des Dorfes, aus dem er kam. Am Ende der Festtage würde er die Zahlen zusammenzählen und mit dem Betrag vergleichen, den das Dorf selbst ausgegeben hatte, um das Fest würdig zu gestalten.

Allmählich sank die Sonne. Der Wind, der die bunten Tücher in den Bäumen hatte knattern lassen, legte sich. Die fröhlichen Rufe der Gäste wurden lauter. Nun wurde der Inpirikpe, der traditionelle Tanz des Landes, angestimmt. Laut feuerten die Frauen die Männer an; manche Frauen schlossen sich sogar dem Kreis der Tänzer an, hielten sich jedoch im Hintergrund.

Clement erblickte jetzt Monday auf dem Platz und winkte ihm zu. Monday winkte zurück.

Er selbst fühlte sich sehr würdevoll auf seinem Platz neben den Dorfältesten. Sein Vater kam zu ihm. Clement merkte, wie es ihn freute, daß sein Sohn eine so bedeutende Aufgabe hatte.

„Wie ist es, wird unser Dorf einen Gewinn erzielen?“ fragte der Vater und zwinkerte.

„Ja, ich glaube schon“, sagte Clement ernsthaft.

„Willst du nicht eine Pause machen und zu deinen Freunden gehen?“

Clement zögerte. Es kamen jetzt keine Gäste mehr. Der Vertreter der Umu Ogbo, der neben ihm saß, nickte ihm aufmunternd zu: „Geh nur – deine Arbeit ist für heute beendet.“

Clement rannte über den Festplatz.

Er fand die Freunde vor dem Trommelhäuschen. Es war Zeit für den Höhepunkt des Festes. Der Trommler hatte sich schon an der Trommel hingekauert und die Hände an den geschnitzten Rand des Schall-Lochs gelegt. Die Freunde stießen einander erwartungsvoll an.

Lärm und Musik auf dem Platz verstummten.

Vieles war Clement an diesem Nachmittag durch den Kopf gegangen – bald würden sie alle das Dorf verlassen haben; er würde auf ein College gehen, Monday in die Berufsschule in Kaduna, auch die anderen Freunde würden in irgendeine der großen Städte ziehen. Sie würden weiter fortziehen als ihre Großväter und Väter – fort aus Umuahia – vielleicht sogar aus Nigerien – so weit, daß sie die große Trommel längst nicht mehr hören konnten . . .

In diesem Augenblick wurde die große Trommel geschlagen. Die Luft erzitterte unter ihrem mächtigen Klang. Überall erhoben sich jubelnde Stimmen, die die Stimme der Trommel begrüßten. Einige Männer griffen nach ihren Gewehren und schossen Freudensalven in die Luft.

Clement tanzte und jubelte mit den anderen. Auch er war hingerissen von Stolz und Begeisterung.

Weit fortgehen würden sie alle, aber sie würden immer wieder zurückkommen.

SÜDAFRIKA

Natal

Es gibt Gesetze

Die Bremsen kreischten, der Aufprall erfolgte unmittelbar danach. Glas splitterte. Scharfkantiges Blech zackte in die Luft. Der graue Ford stellte sich quer, der Kühler war zusammengedrückt. Die rechte Vordertür sprang auf, und ein Mann fiel heraus, lag blutend und bewußtlos auf der Straße.

Fast unversehrt schien der Lastwagen, in den der Ford mit überhöhter Geschwindigkeit hineingefahren war: ein zerbeulter Kotflügel, ein zertrümmerter Scheinwerfer – das zählte nicht. Der schwarze Lenker kletterte von seinem hohen Sitz und lief zu dem Verunglückten. Am Straßenrand sammelten sich die Zuschauer.

„Ihr habt es gesehen . . .“ keuchte der Fahrer. „Ich bin nicht schuld.“ Er beugte sich über den Bewußtlosen.

„Nicht anrühren!“ rief eine Frau. „Man muß die Ambulanz holen. Und die Polizei.“

Die Frau war hellhäutig und hatte einen fremden Akzent – eine Europäerin vielleicht.

Am Rückfenster des grauen Fords tauchte ein kleines, verschrecktes Gesicht auf.

„Ein Kind!“ rief die fremde Frau. „Da ist ja ein Kind drin . . .“ Sie rannte über die Straße und versuchte die Tür zu öffnen. Sie klemmte. Das Kind trommelte mit den Fäusten gegen die Scheibe. Die Augen waren weit aufgerissen, der Mund stand offen, schrie tonlos, brachte keinen Laut heraus.

Der schwarze Fahrer packte den Türgriff. An seinen Schläfen traten dick die Adern hervor. Er stemmte die Tür gewaltsam auf.

Die fremde Frau wollte das Kind zum Straßenrand führen. Sie legte den Arm um seine Schultern, aber das Kind widersetzte sich. Es blieb stehen und starrte auf den Mann am Boden.

Von weitem hörte man das Folgetonhorn des Polizeiautos. Gleichzeitig traf mit blinkendem Blaulicht der Ambulanzwagen ein. Drei schwarze Sanitäter sprangen heraus, ein älterer Grauhaariger und zwei jüngere. Sie rannten mit der Tragbahre auf den Verunglückten zu und blieben mitten im Lauf ruckartig stehen wie angepflockt. Ihre Arme sanken herab.

„Beeilt euch doch!“ rief die fremde Frau.

„Wir dürfen nicht.“ Der Grauhaarige schüttelte den Kopf. „Eine schwarze Ambulanz darf keinen Weißen mitnehmen. So wie eine weiße Ambulanz keinen Schwarzen mitnimmt.“

„Aber er verblutet!“ rief die Frau.

„Bitte“, sagte das Kind flehentlich. „Bitte, bringt meinen Daddy ins Spital.“

„Wir dürfen nicht. Das Gesetz verbietet es.“

Aus dem Polizeiwagen stiegen zwei Polizisten.

„Was für ein Gesetz?“ fragte die Frau. „Ich verstehe nicht.“

„Euer weißes Gesetz.“

„He, nicht frech werden, Schwarzer!“ warnte der eine Polizist. Er betrachtete den zerdrückten Wagen, den Mann auf der Straße, die Frau und das Kind.

Die Menschenmenge wurde dichter.

Ein Mann schimpfte. „Diese verdammten Nigger! Jawohl, es gibt Gesetze! Das fehlte noch: ein Weißer im schwarzen Krankenhaus! Gott sei Dank, daß es Gesetze gibt.“

Die fremde Frau sagte: „Mit Gott hat das nichts zu tun.“

Die schwarzen Sanitäter stiegen in den Ambulanzwagen.

Das Kind weinte.

Seid wachsam, Freunde!

Seid alle wachsam, ya, ye,
beobachtet die Erde.
Seid wachsam, Freunde!

Ob ihr gut oder schlecht seid, ya, ye,
die Erde nimmt alle auf.
Seid wachsam, Freunde!

Ob ihr schwach oder stark seid, ya, ye,
die Erde wartet.
Seid wachsam, Freunde!

Ob es der ewige Friede wird, ya, ye,
oder die Hölle?
Seid wachsam, Freunde!

(Kongo)

SÜDAFRIKA

Elsis River – ein nördlicher Vorort von Kapstadt

Farbiger Freitag

Jennifer ging auf der Straße. Sie wich nur auf den Sandstreifen aus, wenn ein Auto kam. Der Sand blieb in jeder Falte der Schuhe hängen und verfärbte die Socken. Der Lehrer aber legte großen Wert auf blankgeputzte Schuhe und blütenweiße Socken.

Auf den Sträuchern der winzigen Vorgärten lag eine dicke Staubschicht, nur bei Ma Roberts glänzten die Blätter wie frisch lackiert.

Ein großer Wagen raste zickzack die Straße herauf, hupte wild.

Ein Hahn krähte. Ein Hund bellte.

Aus dem Haus an der Ecke der 6. Straße, wo die Rogers gewohnt hatten, bis Bill Rogers im Rausch seine Frau erstach, kamen hintereinander sechs Kinder. Ein Junge blieb stehen und betrachtete Jennifer, die weiterging, als sei es ihr völlig gleichgültig, von einem fremden Jungen aus schmalen Augen angestarrt zu werden. Einem Jungen, der einen Kopf größer war als sie.

„Süße Schokolade!" sagte er.

Sie antwortete nicht.

„Super-Rose. Wie wär's mit Super-Rose?"

Sie haßte es, nach der Bleichcreme genannt zu werden, mit der viele Frauen ihre Haut aufhellten.

„Du könntest es brauchen", fuhr er fort. „Soll ich dir einen Tigel schenken? Super-Rose für Super-Rose?"

Er war sehr hell; man hätte ihn für einen dunklen Europäer halten können.

Schön, sie war schwarz. Man sah ihr nicht an, daß sie coloured, farbig, war und nicht schwarz. Na und?

Sie war eine Dunjwa. Die zweite Tochter, das fünfte Kind des Hebediah Max Dunjwa, vor dem alle Respekt hatten, auch die Farbigen, die große amerikanische Wagen fuhren und Diener hatten wie die Weißen. Er war gewählter Vertreter seines Bezirks, eines Arbeiterviertels im Norden von Kapstadt. Er war Vertrauensmann der Gewerkschaft. Die Leute schickten ihre Söhne zu ihm, wenn sie in Schwierigkeiten waren. Er sprach Zulu und Xhosa, Englisch und Niederländisch gleich fließend, gleich eindringlich. Er war groß und schlank und stark, ein echter Xhosa. Vor kurzem erst hatte er Jennifer erklärt, daß er die Familie nur deshalb bei den Behörden als Mischlinge registriert hatte, weil es in den Schulen für Farbige freie Schulbücher für bedürftige Kinder gab, in den Schulen für Schwarze hingegen nicht.

Der Vater schickte zehn eigene Kinder, die unehelichen Kinder einiger Kusinen und manchmal auch noch andere Verwandte zur Schule. Schulbücher waren teuer – also galten sie als Farbige. In Wirklichkeit war nur die Mutter ein Mischling aus einem ländlichen Gebiet.

Jennifer war also zu drei Viertel schwarz. Halbe, Viertel, Achtel, Sechzehntel – lange bevor sie Bruchrechnen gelernt hatte, hatte Jennifer diese Begriffe gehört. Das waren Zettel, fast wie Preiszettel, die Menschen angehängt bekamen.

„Na?“ fragte der Junge. „Wie ist das jetzt mit Super-Rose?“

„Fahr ab“, sagte Jennifer.

Er lachte und trat einen Schritt näher. „Hau ab!“

Seine rechte Hand schoß vor, packte sie fast wie im Spiel am Oberarm, aber sein Griff war fest und hart.

Jennifer holte aus, erwischte ihn am Kinn. Er stand völlig verdattert da.

Sie ging weiter.

In der Schule war das übliche Gedränge auf dem Gang. Seit Jennifer in die Mittelschule ging, hatte sie sich an einen neuen Namen gewöhnen müssen. Ein afrikanischer Name war in dieser Mittelschule für Farbige mit der Hauptunterrichtssprache Afrikaans nicht tragbar. Der Direktor nannte Jennifer daher mit dem zweiten Vornamen ihres Vaters Jennifer Max. In der Mittelschule, die ihre älteren Brüder besuchten und wo die Hauptunterrichtssprache Englisch war, durften die Schüler afrikanische Namen tragen. So war also Jennifer Max die Schwester des James Dunjwa. Obwohl sie beide denselben Vater und dieselbe Mutter hatten. Manchmal dachte Jennifer, daß das unnötig verwirrend war. Aber sie hielt sich nicht dabei auf, es gab so viel Verwirrendes in Elsis River.

Jennifers Banknachbarn redeten davon, daß Benny gestern mit Skollies gesehen worden sei.

Benny in einer Bande von Jugendlichen?

Benny war einer der besten Schüler der Klasse. Seit sein Vater eingesperrt worden war, trank seine Mutter. Benny hatte alle verdroschen, die seine Mutter eine Säuferin nannten. Er hatte die Kuh gemolken, die Hühner gefüttert, die kleinen Geschwister gewaschen und in die Schule geschickt.

Jetzt ging er selbst nicht mehr.

Der Geographielehrer kam herein, drehte sich auf dem Absatz um, ganz wie die Sergeanten bei Paraden, trat vor die Tafel, bellte die Namen der Schüler.

Einer nach dem anderen sprang auf die Füße, meldete: „Hier!“

Plötzlich schoß der Lehrer auf Abbas zu. Er griff in die langen, glänzenden Haare des Inders und riß ihn daran hoch. Abbas hielt sich den Ellbogen vors Gesicht. Der Geographielehrer zeigte auf Abbas' Hemdkragen.

„Schwarz? Sieh dir das an! Schwarz. Widerlich. Was hast du dazu zu sagen?“

Abbas machte eine unwillkürliche Abwehrbewegung. Der Geographielehrer packte ihn und stieß ihn durchs offene Fenster hinaus. Ein Aufschlag, ein unterdrückter Aufschrei, dann auf dem Sand knirschende Schritte.

Wenige Minuten später kam Abbas herein. Wassertropfen glänzten auf seinem Gesicht. Er humpelte zu seinem Platz.

Niemand sagte etwas.

Der Geographielehrer zog ein blütenweißes Taschentuch aus der Hosentasche und wischte sich die Hände ab. Er nahm den langen, dünnen Stock, drehte sich zur Landkarte.

„In den Randgebieten der polaren Eiswüsten finden wir . . ."

Jennifer blickte verstohlen zu Abbas hinüber. Er bückte sich über sein Heft. Die Haare fielen ihm über den Hemdkragen.

In der vierten Stunde kam ein Inspektor, der noch nie in der Schule gewesen war. Ein Bure mit rotem Gesicht. Er las die Namen der Schüler im Klassenbuch: Abrahams, Adams, Baatgies, Coopstaad, de Toi, de Valiers, Ferlande, Hendrix, Kuhn, Kaiser . . .

„Jennifer Max", sagte er. „Was für ein komischer Name! Wer ist das?"

Jennifer stand auf.

Der Inspektor blickte den Lehrer fragend an. Es war der Lehrer, der Afrikaans unterrichtete, die in Südafrika gesprochene Abart des Niederländischen.

Der Lehrer zuckte mit den Schultern.

Jennifer konnte den Blick längst übersetzen. Der hieß: „Wie kommt ein schwarzes Kind in eine Farbigen-Schule?" Und das Schulterzucken hieß: „Ich weiß. Aber sie ist tatsächlich ein Mischling, wenn auch nicht sehr."

Der Inspektor prüfte Jennifer.

Beim ersten Satz zitterte ihre Stimme, aber so wenig, daß sie hoffen konnte, der Inspektor würde nichts merken. Beim zweiten Satz sprach sie bereits frei. Sie sah, wie sich der Inspektor wunderte. Ihr Vater sagte oft: „Komm, Jenny, du mußt es ihnen allen zeigen – schließlich bist du ein Kaffer!"

An den zuckenden Nasenflügeln des Inspektors sah sie, daß sie es ihm heute gezeigt hatte. In seiner Sprache. In der Sprache, von der ihr Bruder Benjamin immer sagte, er müsse sich den Mund ausspülen, wenn er sie gesprochen habe. Das verstand sie nicht. Benjamin sagte: „Mit der Sprache vergiften sie uns von innen. Damit wir denken wie sie. Damit wir uns selbst anspucken." Jennifer freute sich einfach daran, daß sie die Sprache der Weißen so gut beherrschte wie einer von ihnen. „Du bist ja auch erst zwölf", sagte Benjamin, als sie ihm das zu erklären versuchte.

In der Vorderbank warf Monica den Kopf zurück. Dabei flogen ihre langen Haare, die gelockt waren, nicht kraus. Sie war sehr hellhäutig, mit grün-braun gesprenkelten Augen. In diesem Jahr war sie die Frühlingskönigin gewesen. Aber ihr Afrikaans war miserabel, und ihr Englisch war auch nicht gut. Es klang nur gut. Dumm war sie nicht. Wahrscheinlich fand sie, sie habe es nicht nötig, sich anzustrengen. In den Pausen scharte sich die halbe Klasse um Monica, auch die Lehrer mochten sie. Die Geschichtslehrerin allerdings ließ sich weder vom Haarewerfen noch von Monicas langsamem Lächeln beeindrucken.

Jennifer hatte die Geschichtslehrerin gern. Anfangs war es ihr merkwürdig vorgekommen, daß die Lehrerin im Geschichtsunterricht oft von Dingen sprach, die sich gestern ereignet hatten.

„Das ist doch nicht Geschichte", hatte Jennifer zu Benjamin gesagt. Benjamin hatte gelacht. „Und ob das Geschichte ist!"

Jetzt begann Jennifer zu verstehen, was die Lehrerin meinte, wenn sie das Geschichtsbuch beiseite legte und nicht von den Helden des Burentrecks, sondern von den Xhosas, den Zulus und Griquas erzählte, die ihre Heimat verteidigten.

Die Schule war aus. Neben der Telefonzelle auf der 6. Straße lungerte eine Gruppe von Jungen. Einer wiegte sich auf den Fersen hin und her, seine Zeigefinger steckten in seinem bunten Gürtel. Ein Messer flog knapp an Jennifers Wange vorbei, blieb in der Hauswand stecken. Sie bemühte sich, nicht zu zeigen, daß sie erschrocken war.

Die wollten nicht treffen. Nicht sie. Nicht heute. Das war nur Spaß. Trotzdem wäre sie gern weggelaufen.

„Schau doch, wie sie aussieht!" sagte der Junge mit dem bunten Gürtel.

„Rosinenknie und Schulbücher – wie artig!"

„Schau, wie du aussiehst!" rief sie zurück.

„Schau, wie sie dreinschaut!" riefen ein paar.

Sie ging weiter. Das mit den Rosinenknie stimmte. Ihre Knie waren übersät mit dem Schorf kleinerer und größerer Schrammen.

Die Jungen lachten laut.

Im Vorhof daheim schrubbte der Vater auf den ausgelaugten Holzplanken weiße Hemden. Jacky und Martha schleppten mit Draht zusammengebundene Scheiter für das Feuer unter dem Holzbottich heran. Es roch nach Seife.

Neben dem Vater hockte Benny im Gras.

Jennifer winkte.

Der Vater winkte zurück, redete aber weiter mit Benny.

Benny blickte gar nicht auf.

Tante Nelly saß auf der Veranda, löste Erbsen aus und sang dazu. Jennifer legte ihre Schulbücher auf den Hocker. „Mama ist im Garten", sang Tante Nelly und nahm sofort wieder den Text ihres traurigen Liedes auf.

Jenny zog die Schuluniform aus, hängte sie sorgfältig auf einen Kleiderbügel, zog Schuhe und Strümpfe aus. Die Schuluniform mußte geschont werden. Zu Hause trug sie leichte Baumwollkleider, die Mama nähte, manchmal aus den alten Kleidern der Tanten.

Jennifer lief in den Garten.

Benny schrie gerade: „Und was habe ich davon, wenn ich weiter in die Scheißschule gehe? Kriege ich dann vielleicht eine Scheißstelle?"

Sie wartete darauf, das Klatschen von Vaters Hand zu hören.

Aber Vater schlug Benny nicht. Er redete weiter mit ihm, viel zu leise, um es bis hierher zu hören.

Mama harkte Unkraut. Martin krabbelte hinter ihr her.

Jennifer nahm die große Eisenkanne und begann, die Pflanzen zu gießen.

Flo kam angewatschelt. Sie ging immer noch breitbeinig, obwohl sie seit einer Woche keine Windeln mehr trug. „Ei!“ rief sie stolz. „Ei gefunden!“ Sie rannte zu Mama, im letzten Augenblick packte sie zu fest zu. Eiweiß und Eigelb tröpfelte aus ihrer Faust, über ihre nackten Beine. Sie fing an zu heulen. Mama hob sie hoch und tröstete sie. Martin wollte auch hochgenommen werden und heulte mit.

In der Hütte am anderen Ende des Gartens stritten einige von Daisys Kindern. Daisy schimpfte laut, dann kam sie heraus und bat Mama um ein paar Tomaten. Ihr Jüngster hing schlafend an ihrer Hüfte, seine Beine baumelten.

„Weißt du schon, wann Peter kommt?“ fragte Mama.

Daisy schüttelte den Kopf. „Lange kann's nicht mehr dauern. Der Kleine ist bald ein Jahr. Da wird's Zeit.“

Mama lachte, und Daisy lachte und pflückte eine Schürze voll Tomaten. Dann wandte sie sich an Jennifer.

„Hast du meinen Willy gesehen?“

Jennifer schüttelte den Kopf.

Daisy seufzte. Willy hatte sich vor kurzem einer der Banden von Jugendlichen angeschlossen, Skollies, die an den Straßenecken herumlungerten, mit ihren Messern spielten, Einbrüche begingen.

„Vielleicht kann Hebediah mit ihm reden?“ fragte Daisy. „Ich schaff's nicht. Seit damals, wo wir das Schulgeld nicht hatten und er drei Monate lang nicht zur Schule ging . . .“

Mama nickte. Sie sagte nichts darüber, daß Tata damals böse gewesen war, weil Daisy ihn nicht um Hilfe gebeten hatte.

Eine große rote Ameise kroch über Martins Bein. Er schrie auf.

Die Stichstelle an seinem Bein schwoll an. Mama hob ihn hoch und trug ihn ins Haus.

Nach kurzer Zeit roch es bis in den Garten nach heißem Schmalzgebäck. Jenny scheuchte die Hühner in den Stall und ging in die Küche. Die ganze Familie saß um den Tisch, die Eltern, alle Geschwister, die Tanten, die Kusinen. Martin lutschte neben Mamas Stuhl an einem Krapfen.

Tata und die großen Brüder redeten von Schwierigkeiten in der Gewerkschaft. „Die Leute haben einfach Angst“, sagte Tata. „Du kannst ihnen keinen Vorwurf machen.“ Benjamin stieß ganz langsam die Luft aus. Flos Kopf wackelte vor und zurück und fiel vor Müdigkeit auf ihre runden Arme. Aber als Mama sie ins Bett schicken wollte, heulte sie.

Der Abend war warm und windstill. Als das Geschirr gewaschen und verstaut war, trugen sie Stühle in den Garten. Benjamin stellte das Radio aufs Fensterbrett. Daisy kam mit ihren Kindern herüber und brachte einen Krug Limonade. Die Musik im Radio war gut. Jacky fing an zu tanzen, dann Tante Nelly und schließlich die anderen. Nur Tata, Daisy und Mama blieben sitzen. Mama hielt Martin auf dem Schoß. Jennifer probierte Schritte aus, die sie in der Ballettklasse gelernt hatte.

„Seht euch Jenny an“, sagte Jacky. „Die macht den sterbenden Schwan!“

„Sterbenden Schwan?“ fragte Benjamin. „Sieht mir mehr wie ein sterbendes Schwein aus.“

Alle lachten. Jennifer war nicht sicher, ob sie wütend werden sollte, da fügte Benjamin hinzu: „Aber ein besonders nettes sterbendes Schwein.“

Plötzlich gellte ein Schrei aus dem Nachbarhaus.

Tata stand auf. „Ich geh' besser hinüber.“

Benjamin und Joseph begleiteten ihn, Jacky rannte hinterher.

Jacky kam sehr bald wieder zurück.

„Dieses Schwein!“ stammelte er. „Dieses Schwein! Er hat sie in den Bauch gestoßen. Die Därme hängen ihr raus.“

Mama legte ihm den Arm um die Schulter. „Nicht, Jacky. Sag sowas nicht.“

Jacky sah aus, als müsse er sich übergeben. Mama flüsterte: „Sch, sch, ist ja wieder gut.“

Sie hörten einen Wagen vorfahren und gingen zum Zaun.

Drei Polizisten stiegen aus. Die Schlagstöcke baumelten ihnen um die nackten Beine, zwei hielten die Revolver in Anschlag, als sie die Tür zum Nachbarhaus aufstießen.

Gleich darauf schleppten sie den Nachbarn heraus. Einer riß die Hintertür des Streifenwagens auf, sie warfen den Mann hinein, der immer wieder schrie: „Das wollte ich doch nicht!“

Viel später erst kam der Krankenwagen. Die Nachbarin wurde auf einer Trage aus dem Haus gebracht. Tata kam nach den Sanitätern und schloß die Haustür hinter sich.

„Wo sind Benjamin und Joseph?“ fragte Mama.

Der Krankenwagen war in die Hauptstraße eingebogen und gab Gas.

Tata sagte: „Als die Polizei kam, habe ich sie weggeschickt, durch die Hintertür. Man kann nie wissen.“ Er pfiff auf zwei Fingern. Benjamin kam über den Zaun geklettert, hinter ihm Joseph.

Tata ging sich die Hände waschen.

„Er hat ihr den Bauch zugehalten“, sagte Benjamin.

Jennifer schüttelte sich.

Sie sah die Gesichter der Polizisten wieder vor sich, wie sie den Nachbarn in den Wagen geworfen hatten. Genau wie die Fleischergehilfen die halben Säue in den Wagen warfen. Und der eine, der hatte dabei gegrinst. Dem hatte das Spaß gemacht! Das Licht war auf ihn gefallen, und er hatte gegrinst.

„Dieses dreckige Schwein“, flüsterte sie.

Tata kam gerade zurück in den Garten. Er nahm ihre beiden Hände.

„Jenny, der ist kein Schwein. Höchstens ein armes Schwein. Drei von seinen Söhnen sind an Tuberkulose gestorben, nicht zu reden von denen, die ihren ersten Geburtstag nicht erlebt haben. Einer sitzt irgendwo im Gefängnis, wenn er überhaupt noch lebt. Weil er ohne Paß in Johannesburg war.“

„Ich meine nicht ihn“, sagte Jennifer. Sie fing an zu weinen, obwohl sie dagegen ankämpfte. Tata strich ihr über die Haare. „Nicht weinen, Jenny. Du zeigst es ihnen noch. Du bist ja ein Kaffer!“

AN DIESEM BUCH HABEN MITGEARBEITET:

Hippolyt Abidy, geboren in Lome, Hauptstadt von Togo, studiert Wirtschaftswissenschaften in Wien

Hayford Boateng, geboren in Bonpongya, Ghana, Elektrotechniker, absolviert in Mödling eine Ausbildung zum Fachlehrer

Hannelore Bürstmayr, geboren in Passau, freiberufliche Journalistin, Mitarbeiterin des Österreichischen Entwicklungsdienstes

Maurice Djenda, geboren im (jetzigen) Zentralafrikanischen Kaiserreich, studiert in Wien

Jennifer Berry Dunjwa, geboren in Elsis River bei Kapstadt, absolviert ein Lehrerseminar, Jusstudium, dissertiert am Institut für Afrikanistik in Wien

Robertson Ellah, geboren in Kukurantumi, Ghana, absolviert in Mödling eine Ausbildung zum Fachlehrer für Elektronik

Smart Ezea, geboren in Uumaluia, Nigerien, studiert Anglistik und Germanistik in Wien

Gerhard W. Frenzel, geboren 1941 in Wien, beratender Ingenieur für Mineralaufbereitung in aller Welt, vornehmlich in Afrika, Lateinamerika und im karibischen Raum tätig

Wolf Harranth, geboren in Wien, Kinderbuchautor, Lektor, Mitarbeiter bei Entwicklungshilfe-Projekten

Mira Lobe, geboren in Görlitz, Schlesien, Kinder- und Jugendbuchautorin

Lene Mayer-Skumanz, geboren in Wien, Kinder- und Jugendbuchautorin, Redakteurin der Kinderzeitschrift „Weite Welt" mit dem Schwerpunkt 3. Welt, Mission, Entwicklungshilfe

Florence Onubogu, geboren in Umuahia, Nigerien, absolvierte schon die Mittelschule in Wien (Stipendium der Ursulinerinnen), studiert Romanistik und Germanistik

Monika Pelz, geboren in Wien, TV-Journalistin, Verfasserin von Erzählungen und TV-Drehbüchern

Brigitte Peter, geboren in Duisburg, Schriftstellerin, ihr besonderes Anliegen ist die Vermittlung zwischen europäischen Völkern und Entwicklungsländern. Forschungsreisen nach Neuguinea und Australien in Zusammenarbeit mit ihrem Mann, dem Ethnologen Dr. Hanns Peter

Edmund Tonnie Ssemalulu Sseruwagi, geboren in K., Uganda, studiert industrielles Design in Wien

Renate Welsh, geboren in Wien, Kinder- und Jugendbuchautorin

INHALT